SOPHISMES POLITIQUES

DE CE TEMPS

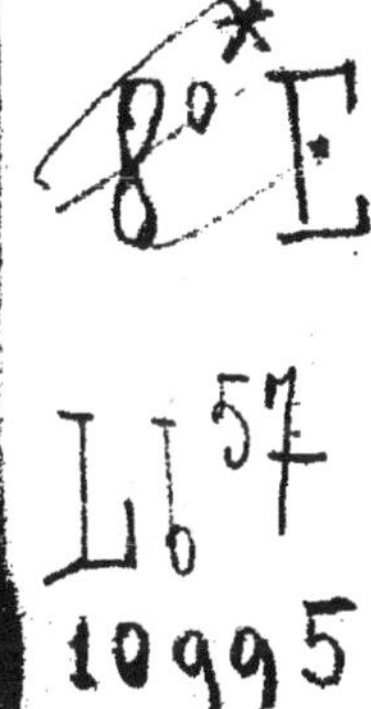

DU MÊME AUTEUR :

CHARLES BENOIST

SOPHISMES POLITIQUES

DE CE TEMPS

ÉTUDE CRITIQUE

SUR LES FORMES, LES PRINCIPES ET LES PROCÉDÉS

DE GOUVERNEMENT

PARIS

LIBRAIRIE ACADÉMIQUE DIDIER

PERRIN ET Cie, LIBRAIRES-ÉDITEURS

35, QUAI DES GRANDS-AUGUSTINS, 35

1893

A MONSIEUR E. DE MARCÈRE,

Sénateur,

ancien Ministre de l'Intérieur,

EN TÉMOIGNAGE

DE MA VIVE ET RESPECTUEUSE AFFECTION

C. B.

PRÉFACE

Ce volume est le deuxième d'une série qui en comprendra trois et dont le premier a paru, il y a deux ans, sous le titre de *Croquis parlementaires*. Celui-ci, comme le précédent, est purement critique et négatif. Dans le précédent, on expliquait par des portraits en quoi le personnel politique actuel est défectueux ; dans celui-ci, on tâche d'expliquer par l'observation en quoi les idées politiques actuelles sont fausses. Ici et là, on le déclare, c'est aux idées que l'on s'attaque, mais là derrière les hommes, et ici plus directement.

Lorsque la *Revue bleue* commença la publication de ces études, on craignait de n'être pas suivi. On avait peur d'être accusé d'enfoncer des portes ouvertes par des gens qui n'ont à l'esprit ni portes ni fenêtres. Ce reproche, et

d'autres encore, ne nous ont pas été épargnés.
En dépit de tout, l'accueil a été sympathique,
et la thèse a fait son chemin. Nous ne demandions au début que dix lecteurs de bonne volonté. Ils sont venus au rendez-vous, multipliés par dix et au-delà.

Nous avons même goûté la plus grande joie
qui soit permise sur la terre : nous nous imaginons avoir opéré des conversions. C'est sans
nul doute vanité de notre part, mais il nous
semble que, jamais auparavant, le mot *Sophismes* (qui n'est pas de la langue courante) n'avait été tant employé dans les discours et les
journaux : il nous semble que jamais auparavant, cette vérité, devenue banale dans la
science, mais hardie encore dans la politique,
que « la complexité est la loi des organismes supérieurs », n'avait été, comme elle l'a été naguère, proclamée solennellement, du haut d'un
fauteuil présidentiel.

Si c'était vrai, si nous ne nous flattions pas,
une si éclatante adhésion effacerait pour nous
jusqu'au souvenir des anciennes résistances ; il
serait démontré que la critique n'aurait pas
été inutile à ceux-là même qui s'étaient un peu

trop pressés de la qualifier d'inexorable.

.Maintenant, en toute humilité, nous avouons que, dans ce livre, on ne trouvera pas grand chose qui soit absolument nouveau. Mais qu'importe? Les livres ont leur destinée, et ce qui fait que parfois ils rendent service, ce n'est pas que la pensée y soit d'un bout à l'autre originale et inédite, c'est que le temps et le milieu sont favorables. La pensée féconde n'est pas celle que le philosophe tire, toute neuve, de son cerveau : elle peut le devenir à la longue, mais pour l'instant elle ne l'est pas, — à supposer d'ailleurs qu'il y ait une seule pensée que le phiiosophe tire toute neuve de son cerveau. Non pas : la pensée féconde et puissante, celle qui est déjà force et principe d'action, c'est celle dont tout le monde sent vaguement la présence et le besoin, qui flotte autour de nous et nous fait comme une atmosphère, qui est partout dans l'air, en quelque sorte, et à laquelle il ne s'agit plus que de donner une formule, pour lui donner un corps.

Peut-être avons-nous eu, je ne dirai pas l'habileté, mais la chance d'arriver à l'heure. Et

peut-être y a-t-il, quand même, dans ce livre,
quelque chose de neuf, si peu que ce puisse
être. Ce quelque chose, c'est l'idée de *vie* ou
plutôt l'application de l'idée de *vie* aux formes,
aux principes et aux procédés de gouvernement.

Voilà qui est, au moins relativement, nouveau.
Je crois bien qu'à serrer de près ces trois cents
pages, on n'y découvrirait guère que cette idée.
Elle est comme l'axe, comme le pivot de mon
livre. Malgré moi, sans le vouloir, je l'ai mise
au commencement et à la fin.

Quelle est la meilleure forme de gouvernement? « Celle qui s'adapte le mieux aux conditions de la *vie* nationale, celle qui donne le
mieux l'image de la nation. » Quelle est la
grande vertu de la démocratie en France, au
temps présent? C'est d'être « la forme qui convient le mieux à la France du temps présent. »
Quels sont le facteur essentiel, la matière et l'a-
gent, le moyen et la fin de la politique ? C'est
la vie. Quel est le fondement du droit en politique ? Le fait, c'est-à-dire encore *la vie.* Sur
quoi l'homme politique devrait-il se guider? sur
la vie. La direction qu'il doit suivre, qu'est-ce

qui la lui donne ? « C'est la *vie ;* contre *la vie,* il n'y a pas de principes. »

Par quoi peuvent être déterminées la part de l'autorité et la part de la liberté dans le gouvernement des hommes ? Elles devraient l'être « pour l'État, par les besoins de *la vie individuelle ;* pour les individus, par les nécessités de *la vie nationale* ». Qu'est-ce que la liberté politique elle-même ? « Le rapport des besoins de *la vie individuelle* aux nécessités *de la vie nationale.* » Pourquoi l'égalité n'est-elle pas un principe de gouvernement ? « Parce que l'inégalité est la loi même de *la vie* et de la croissance organiques, en biologie et en sociologie, pour les êtres simples et les êtres composés, pour les individus et pour les sociétés. » Pourquoi en est-il de la fraternité comme de l'égalité ? Parce que « l'on a beau regarder, on ne voit pas de fraternité dans la nature » ; parce qu'une autre loi de la vie, c'est la concurrence : c'est que « chacun lutte pour soi, l'emporte ou succombe et que le plus fort élimine le plus faible. »

Pourquoi vaut-il mieux dire « solidarité » que « fraternité » ? Parce que « dans le corps humain, il faut qu'il y ait une tête, un cœur, un tronc, des bras, des pieds » ; il faut « que l'organisme ait conscience d'être un tout, où le plus noble organe n'a pas le droit d'être paresseux, où le plus humble a quelque fonction nécessaire à remplir, où tous les membres, toutes les cellules sont solidaires. » Parce que, sans cette solidarité des organes, il n'y aurait pas de *vie organique* et que, sans la solidarité des citoyens, il n'y aurait pas de *vie nationale*.

Pourquoi peut-on se passer de l'idée de souveraineté ? « Parce que l'idée de *vie* suffit » et qu'il n'est pas besoin de parler de la plénitude de la souveraineté nationale, pourvu que soit assurée, autant que possible, la plénitude de *la vie* nationale. Comment améliorer le suffrage universel? « En l'organisant, en le rapprochant de *la vie*. Et comment sauver le régime parlementaire, comment l'asseoir inébranlablement? En faisant qu'il soit la véritable représentation, le vivant portrait de *la vie nationale*.

Ainsi, de point en point, et chapitre par chapitre, court l'idée de vie ; elle s'étend, comme la trame de ce livre (j'ai déjà dit : axe, pivot et trame : j'abuse des comparaisons) ; elle en fait le fond toujours prochain : nulle part, il ne faudrait creuser beaucoup pour y toucher.

Sur ce fond solide, sur ce roc qu'est l'idée de vie, je me suis aperçu, après coup, qu'on pourrait bâtir un système, et je me sens tenté de l'entreprendre un jour. Mais ne vous fatiguez point à le chercher dans ce volume : il n'y est pas. Encore une fois, ce volume est tout critique et négatif ; ce n'est que dans le suivant que j'essaierai une reconstruction.

Ne fallait-il pas déblayer et niveler le terrain ? Ne fallait-il pas passer au crible les notions politiques qui nous meublent l'esprit et les mots qui les expriment, laisser tomber les unes, retenir les autres, séparer le bon grain de l'ivraie ? C'est à quoi l'on s'est appliqué, dans une entière sincérité intellectuelle, sans passion, sans haine contre qui ou contre quoi que ce soit, sans affection, sans préférence pour qui ou pour quoi que ce soit, indifférent à tout, sauf à la vérité.

L'idée de vie, même confuse et non encore précisée, peut servir d'abord à se débarrasser des abstractions ; on acquerra bientôt la conviction que les formes, les principes, les procédés de gouvernement ne sauraient s'écarter des réalités de la vie ; que les conditions de la politique sont les mêmes que les conditions de la vie ; qu'elles sont soumises aux mêmes lois ; qu'en politique aussi, il y a une gravitation, une pesanteur, auxquelles on ne se dérobe pas. On se convaincra que ce qui n'est pas dans la vie ne saurait être dans le gouvernement, que le gouvernement le plus désirable est celui qui contient le plus de vie, que le gouvernement parfait serait celui qui contiendrait toute la vie et que c'est une fatalité logique, puisque la politique n'est qu'une face, qu'un aspect, de toutes ces vies qui se juxtaposent ou se superposent, s'enchaînent, se soudent, se mêlent en une infinie complexité, sont plusieurs et pourtant ne sont qu'une : la vie individuelle, la vie nationale et sociale, la vie universelle.

Avec l'idée de vie, on tient, ou je me trompe fort, le fil à plomb, le fil conducteur. L'édifice n'est pas debout, mais on sait sur quoi en tailler, en appareiller les pierres.

Par une nouvelle application de cette idée,

qui en elle-même n'est pas neuve, la science politique peut être dans un certain sens renouvelée. Des questions, vieilles comme la politique, se présentent sous un nouveau jour. Voici, par exemple, la question de la séparation des pouvoirs. Comment, aujourd'hui, l'exposerions-nous ?

Nous partirions, non d'un *a priori*, non d'une abstraction, d'un axiome, mais d'un fait, de ce fait : à l'origine des sociétés — ce qui signifie aussi loin que remonte l'histoire — tous les pouvoirs étaient confondus dans le chef. Au fur et à mesure des progrès accomplis, les organes et les fonctions — les pouvoirs, par conséquent — se distinguent et se spécialisent. Peu à peu, on discernera un pouvoir exécutif et un pouvoir judiciaire, puis un pouvoir législatif, et puis un pouvoir administratif. Chaque étape franchie dans la voie de la séparation marque une période du développement humain.

Quand fut, jadis, proclamé le principe de la séparation des pouvoirs, on posait des bornes à la toute puissance royale, à l'omnipotence de l'exécutif, devant lequel ou à côté duquel le judiciaire se dressait, quoique s'inspirant de lui et parlant en son nom. Mais il ne faut pas oublier qu'alors l'exécutif et le législatif se confondaient encore dans la personne du roi. Il y avait bien, en France, les États généraux. Mais les États ne légiféraient pas ; ils déposaient des doléances et des vœux. Le roi faisait la loi : le roi était la loi. Sans métaphore, le prince était la loi vivante.

C'est contre cette tyrannie quasi-inévitable, c'est, en tout cas, contre l'envahissement certain de tout domaine par l'exécutif, que les publicistes du xviii° siècle invoquaient le principe de la séparation des pouvoirs. Ils y voyaient une barrière contre le despotisme des doctrines régaliennes : la proclamation de ce principe était une réaction contre le règne de Louis XIV. En 1789, la Révolution nous fit franchir une étape de plus : pour être tout à fait exact, c'est depuis cent ans que la dernière étape a été franchie. Le législatif est, à présent, distinct de l'exécutif. Mais l'exécutif a été tellement amoindri que le danger ne vient plus de lui ; c'est, à présent, le législatif qui empiète plus que de justice, c'est contre lui qu'il faut que nous sachions nous défendre.

Le principe de la séparation des pouvoirs n'a pas cessé de nous être un rempart, mais, du point de vue où nous nous sommes placés, l'expression est incorrecte. Nous ne nous appuyons plus, comme les publicistes du xviiie siècle, sur une abstraction, sur l'affirmation rationnelle que les pouvoirs doivent être séparés, mais sur un fait d'observation : à savoir que les fonctions ne sont jamais bien et totalement remplies que par des organes séparés ; à savoir que la confusion des fonctions et des organes est le trait caractéristique, soit des animaux inférieurs, soit des sociétés primitives. — En sorte que nous ne dirions plus : a séparation des pouvoirs, mais la séparation des organes, exécutif, législatif et judiciaire, des fonctions exécutive, législative et judiciaire. Le pouvoir est un, comme l'être, comme *la vie*.

Je n'insiste pas davantage, n'ayant voulu que donner un exemple du renouvellement qu'une nouvelle application de l'idée de vie est susceptible d'opérer dans la théorie politique et du lien que cette idée constitue entre elle et les autres sciences.

Un avertissement encore, avant que nous entrions en matière.

Dans le chapitre XXII de son récent ouvrage : *Justice*, Herbert Spencer « se refuse décidément à regarder les droits politiques comme des droits proprement dits, et cela en vertu de ce criterium : « Sont seuls des droits véritables ceux qui correspondent *au libre accomplissement d'une des fonctions de la vie*. Or, voter n'est pas une fonction indispensable à la vie. Les institutions politiques favorisent, il est vrai, ou contrarient l'usage des vrais droits, nulle d'entre elles n'est de droit, à plus forte raison n'est le droit (1). » Il ne retient comme de véritables droits que le droit à l'intégrité physique, les droits de libre mouvement et de locomotion, le droit à user des éléments naturels, le droit de propriété, le droit de don et legs, le droit de libre échange et de libre contrat, le droit de libre industriel, le droit de libre croyance et adoration, le droit de libre parole et publication.

(1) HERBERT SPENCER : *Justice*. Traduction de M. E. Castelot, Guillaumin et Cie, 1893. Chapitre XXII : *Les Droits dits politiques*, p. 204-212. Voy. *La Philosophie politique de Herbert Spencer*, par M. Henry Michel. — Extrait du Compte-rendu de l'Académie des sciences morales et politiques.

Je ne connaissais pas cet écrit de Spencer,
lorsque j'ai publié pour la première fois dans
la *Revue bleue* les morceaux qu'on lira plus
loin, sur les droits de l'homme, sur la liberté,
sur la souveraineté nationale et le suffrage universel. Mais, si quelqu'une de mes propositions
pouvait paraître trop téméraire, je serais heu-
reux de me couvrir de ce patronage et de m'a-
briter derrière une si haute et impartiale autorité.

SOPHISMES PÓLITIQUES

DE CE TEMPS

INTRODUCTION

Je vais essayer de lever une grosse pierre. Si j'y puis réussir et si elle tombe où je voudrais la jeter, il est probable qu'on entendra comme un clapotage d'eau dormante subitement troublée. Ce n'est point pour le vain plaisir de faire du bruit que je me donne tant de peine ; mais, non plus, la crainte puérile du bruit que la pierre, en tombant, pourrait faire, n'est pas pour m'émouvoir et m'arrêter. Ce que je pense, je le pense tout franc, et ce que je dis, je le dis tout haut.

J'y ai d'autant moins de mérite que tout le monde en France, aujourd'hui, pense et, plus ou moins prudemment, parle de même. Mais n'est-ce pas une chose étrange qu'il faille prendre ces précautions oratoires dans un temps où, Dieu merci, on ne met plus les écrivains à la Bastille et où chacun a le droit de disserter librement des affaires publiques ?

C'est que nous avons, à la vérité, renversé toutes les tyrannies, sauf une seule, la plus dure : la tyrannie des préjugés. Il y a des idées ou des semblants d'idées, des mots, des sons qui nous fascinent, et d'autres qui nous épouvantent. Nous nous sommes forgé, nous nous sommes laissé forger toute sorte d'idoles. Ne touchons pas à ceci, ni à cela encore, c'est sacré. Ne portons point les regards sur le Saint des Saints où repose, dans sa majesté inviolable, la trinité des Immortels Principes.

Et la foule des habiletés médiocres, et la foule des banalités commodes : « Prenez-garde ; croyez-vous que l'heure soit venue ? » Ou bien : « Prenez garde, vous aller tirer sur nos troupes ! » Ainsi, en pleine liberté, nous nous sommes à nous-mêmes interdit l'usage de la liberté. Depuis un siècle, il s'est formé sur notre esprit une croûte qui le paralyse et le ronge. Cette croûte, il suffirait d'un coup d'ongle pour la percer, mais nous n'osons remuer le doigt, empêchés par on ne sait quelle prétendue discipline.

Discipline sous quel drapeau ? Envers qui ? Où sont les chefs ? Qui les a nommés, investis ? Il est aisé de comparer un parti à une armée. Mais d'abord, où sont les partis ? Je ne vois point de *partis*, mais des *groupes* ; je ne vois que des groupes de gouvernement et des groupes d'opposition. Vous connaissez *le parti réactionnaire* ? Ne voulez-vous pas me le montrer ? Et *le parti républicain*, vous le connaissez ? Il doit être curieux à voir. Des groupes, dans le Parlement, et, hors du Parlement, des comités, des associations, des syndicats, blancs ou rouges, de droite ou de gauche ; mais après, mais derrière, mais ces deux grands partis ? Des abstractions vides de réalité, des âmes sans corps, de la baudruche politique.

Cent petites ambitions juxtaposées, cent petits intérêts parallèles ou rivaux, désunis, réunis, désunis à nouveau, combinés à nouveau en dix ambitions, en dix intérêts majeurs, en une dizaine de plus grosses ambitions ou de plus gros intérêts particuliers. Dans tout cela, où placez-vous ce qui fait l'unité de l'armée, ce qui, si un parti était véritablement une armée, en devrait faire l'unité :

la communauté du but ? Si vous tenez à la comparaison, ne dites pas alors que vous êtes une armée : vous en êtes dix ; j'exagère : vous en êtes trois ou quatre : l'extrême Gauche, la Gauche républicaine, l'Union républicaine, le Centre Gauche. Mais non, je n'exagérais pas : car il y a les trois ou quatre gauches du Sénat, qui ne se confondent pas avec les trois ou quatre gauches de la Chambre.

Je sais que déjà quelques optimistes saluent l'heure où ne se trouveront plus en présence que les deux divisions historiques ou théoriques, les tories et les whigs, le poids et le contrepoids. Mais je sais aussi que leur désir va à l'encontre des faits, et je crains que l'honnêteté de leurs intentions ne les abuse.

Supposez pourtant que, contre toute vraisemblance, ce vœu soit un jour exaucé ; qu'il ne reste qu'une droite et une gauche, des tories et des whigs, des républicains et des monarchistes, des libéraux et des réactionnaires. Supposez qu'on ait deux partis : voudriez-vous que ce fussent deux armées ?

La fin d'une armée, son objet, c'est de combattre ; est-ce la fin, est-ce l'objet d'un parti ? La politique a-t-elle pour fin, pour objet, la guerre, ou la justice, l'ordre, la paix civile ? Vous voyez bien qu'un parti n'est pas une armée : ne nous opposez donc pas la discipline.

Ce qui fait la force d'une armée, c'est elle, la discipline, à son dernier degré : c'est l'obéissance passive. Ferait-elle la force d'un parti ? Et d'un parti républicain, dont le propre doit être, à ce qu'il semble, de déployer l'initiative de tous ses membres ? Quoi ! vous repoussez — avec raison d'ailleurs — le mandat impératif, et vous vous inclinez dans l'obéissance passive, devant la discipline impérative !

Assurément, il faut une direction d'ensemble, une entente. Mais cette direction d'ensemble, est-ce que la communauté du but ne suffit pas à la donner ? Évidemment, il faut se garder de l'anarchie, mais il faut aussi se garder de l'asservissement. Vous croyez ce souci chimérique et qu'il ne saurait être question d'asservissement. Soit ; dans ce cas, et à tout le moins, il faut se garder de la paresse.

Songez qu'il est moins fatigant de ne pas réfléchir que de réfléchir, de se confier en quelques-uns que de ne compter que sur soi-même. Où

mène cette abdication quotidienne ? A la nullité.
Comment s'en excuse-t-on ? Par le respect de la
discipline. La discipline ! combien de sottises n'a-
t-on pas commises en son nom ! Pour l'amour de
la discipline, on a vu des majorités subir la loi
insolente d'une minorité audacieuse. Pour ne pas
blesser la discipline, on a vu des bourgeois mo-
dérés voter pour des survivants de la Commune
et des revenants de Nouméa.

Mais de toutes ces concessions, de toutes ces
compromissions, de ces empiétements, de ces
effacements, s'imagine-t-on qu'il ne demeure rien?
Il en demeure une confusion telle que le bon sens
y succombe, telle que, ne comprenant plus, personne ne s'efforce de comprendre, personne ne
résiste, personne ne réagit. La langue devient
élastique, le vocabulaire se déforme, la logique
pend comme une loque, traînée dans l'universel
à peu près. Il n'y a plus de cloisons, plus de catégories ; tout est indifférent, sauf la consigne. Tout
ce qu'elle permet est bien ; tout ce qu'elle défend
est mal : elle change le bien en mal et le mal en bien

Cependant les notions les plus simples s'obscur-
cissent, les ressorts les mieux trempés se déten-
dent et grincent, le travail utile s'arrête. Tirez,

poussez, tirez ! disent les chefs. Et les uns tirent, les autres poussent, à l'aveuglette. Ne serait-il pas plus adroit de s'arrêter pour tâcher de découvrir où le volant s'est accroché ? Car, maintenant qu'ils tirent et qu'ils poussent, cela marche si l'on veut, mais de travers ; cela frappe à côté ; cela ne fabrique que de la « camelote », et cela mange moitié plus de graisse.

Laissons de côté les métaphores. Nul ne conteste que le boulangisme nous ait fait courir un sérieux danger, qu'il ait été, à l'origine, un mouvement considérable. Or un mouvement ne se produit pas sans causes. Et plus il procède par larges ondes, plus profondément il faut chercher les causes. On en a, ailleurs (1), indiqué la première : l'insuffisance du personnel républicain. Mais ce n'est pas tout, ce ne peut pas être assez, puisque le personnel boulangiste était infiniment pire, qu'on le savait, et que cette indignité n'empêchait pas de prendre la suite.

Les causes de ce scandaleux succès, il n'y a pas à les chercher plus loin ; nous venons de les faire toucher : l'obscurcissement des notions les

(1) Sybil: *Croquis parlementaires*. Librairie académique Didier, Perrin. 1891.

plus simples, la langue étirée et forcée, le vocabulaire devenu trop mou, trop flou, trop lâche ;
la logique remplacée par le raisonnement verbal ;
cinq ou six épithètes tenant lieu de raisons ; les
uns et les autres, Pierre et Paul, rappelant à l'envi
les principes, sans savoir ni ce qui est un principe, ni ce que c'est qu'un principe ; personne ne
s'exprimant nettement, tout le monde taisant ou
travestissant quelque chose ; chaque proposition
contenant quelque chose de faux, chaque note
ayant quelque chose de faussé ; des affirmations
dogmatiques qui ne correspondent à rien, des
riens ridicules et vieillots sur lesquels on bâtit des
dogmes ; pour tout dire d'un coup, un malentendu
général.

Du malentendu, le mécontentement ; du mécontentement, la révolte. Que faut-il faire ? Rester
l'arme au pied, imperturbablement, dans le brouil-
lard, attendre le retour offensif de l'ennemi ou tâcher
de s'éclairer, de reconnaître les positions, de bien
dresser la carte et de bien relever les cotes, de
rendre à l'ennemi toute surprise impossible ? Si
l'on s'en tient à la première tactique, il n'est
besoin que de discipline et de patience : Silence
dans les rangs, jusqu'au commandement de feu.

Si la seconde paraît préférable, qu'on se disperse en tirailleurs et que chacun fouille son coin, déblaye sa place, donne tout ce qu'il peut donner.

Nous sommes de ceux qui demandent à y voir. Au risque d'être accusés (ce qui ne manquera pas) d'enfoncer une porte ouverte, nous réclamons la liberté de penser en politique. Vous m'entendez parfaitement. Cette liberté, je la réclame non de mes adversaires, mais de mes amis et, pour ne pas m'insurger, de mes chefs. Nous ne discuterons pas, nous ne critiquerons pas, nous n'épiloguerons pas pour nier, mais nous voudrions bien comprendre.

Nous voudrions ne pas toujours être obligés de jurer sur la parole du maître. Nous sommes convaincus que le catéchisme républicain renferme quelques hérésies et la dialectique républicaine, quelques sophismes. Nous en soupçonnons, de ces hérésies et de ces sophismes, touchant les droits de l'homme, touchant le droit de suffrage, touchant l'égalité, touchant la nature et les attributions de l'État, touchant les formes de gouvernement : nous voudrions les démasquer, en débarrasser le terrain. Par compensation, nous en connaissons d'autres dans le catéchisme et dans la dialectique réactionnaires : ils sont à mettre dans le même panier.

Ni celui qui va signer ces lignes, ni la *Revue* qui les accueillit (1) ne peuvent être suspects de trahir la cause libérale. La *Revue* a derrière elle plus de vingt-cinq ans de services ; ses débuts datent d'un temps où les campagnes étaient rudes. Quant à l'auteur, il le déclare, ses convictions républicaines ont la rigueur et la solidité d'une conviction scientifique. Elles ne sont nullement instinctives. Il ne croit peut-être pas que la République soit de son essence un gouvernement supérieur, le gouvernement par excellence. Il est certain que c'est le seul gouvernement qui puisse s'établir et durer en France, dans les circonstances que l'histoire nous a faites. Qu'exigerait-on davantage ? Il part de là et il y revient. Mais laissez-le remuer et ne lui liez pas bras et jambes avec vos formules.

Ce que nous nous proposons de faire, c'est d'examiner, d'un point de vue très résolument républicain, les matériaux qu'on fait entrer dans la bâtisse républicaine, pour en éliminer les éléments mauvais, les remplacer par de moins mauvais ou de

______

(1) La *Revue politique et littéraire*, la *Revue bleue.*

bons, pour qu'elle tienne debout et défie toutes les secousses. Nous nous proposons de passer une visite de la maison, du dedans de la maison même, afin d'en boucher les fissures, d'en réparer les crevasses , d'en tirer plus de confort et plus d'aises.

Il ne s'agit ni de détruire ni de refaire à neuf. Il ne s'agit de faire table rase ni dans la doctrine ni dans les institutions.

La république nous apparaît un peu comme les vieilles villes dont parle Descartes, « mal compassées », mal alignées :

« Encore que, considérant leurs édifices chacun à part, on y trouve souvent autant ou plus d'art qu'en ceux des autres ; toutefois, à voir comme ils sont arrangés, ici un grand, là un petit, et comme ils rendent les rues courbées et inégales, on dirait que c'est plutôt la fortune que la volonté de quelques hommes usant de raison qui les a ainsi disposés. »

Néanmoins « nous ne voyons point qu'on jette par terre toutes les maisons d'une ville pour le seul dessein de les refaire d'autre façon et d'en rendre les rues plus belles ; mais on voit bien que plusieurs font abattre les leurs pour les rebâtir, et que même quelquefois ils y sont contraints, quand elles sont en danger de tomber d'elles-mêmes et que les fondements n'en sont pas bien fermes ».

Nous n'allons certes pas au-delà. Qu'on fasse seulement abattre les murailles qui surplombent, qui menacent d'entraîner tout un quartier dans leur chute, d'écraser les passants et d'ensevelir les habitants. Nous nous consolerons des carrefours et des coudes, des creux et des bosses. Nous n'appellerons pas l'ingénieur, pour qu'il « trace à sa fantaisie dans la plaine », avertis qu'il travaillerait sur de la chair sensible et souffrante, sur de la chair vive.

Disons tout : c'est de peur que l'ingénieur ne vienne et ne nous chasse de chez nous, pour nous faire une ville à sa fantaisie, que nous portons nous-mêmes la pioche aux parois branlantes de notre maison. Nous estimons ce moyen à la fois plus sage et plus sûr que de prendre un fusil pour l'écarter. Sa mort ne redresserait pas le pan qui s'écroule ; la détonation pourrait hâter la catastrophe ; du mieux que tournent les choses, nous en serions au même point avant qu'après.

Pourquoi tant hésiter enfin ? Et que désironsnous? « Non pas, comme dit Bentham, que le gouvernement reste sans direction, mais qu'il soit confié en de meilleures mains ; non pas que le pouvoir reste désarmé, mais qu'il soit mieux exercé ; non pas que, dans l'exercice du pouvoir, il n'y ait ni règles ni principes, mais que ces règles et ces principes soient mieux déterminés. »

CHAPITRE Ier

DÉFINITIONS — SOPHISMES DE FOND ET DE FORME — SOPHISMES POLITIQUES ET SOPHISMES PARLEMENTAIRES

Si la langue est devenue élastique, si le vocabulaire s'est déformé, si la logique parlementaire s'est peu à peu réduite à n'être plus qu'un raisonnement verbal, fait de sons et non point d'idées, il faut s'en prendre surtout à ce que, depuis cent ans, il s'est établi dans l'usage un certain nombre de mots dont on ne s'est jamais mis en peine de donner une définition exacte. Voilà une première cause d'erreur qui, développée et exploitée, se transformera facilement en moyen de tromperie, qui engendrera des erreurs et des tromperies à l'infini, longtemps après que, par l'habitude et l'indifférence, l'inertie, la passivité d'esprit qu'elle amène, on aura cessé de l'apercevoir.

Un arbre pousse, maigre et sans force ; il ne produit que des fruits noués ou gâtés ; cherchez

au pied : il y a un trou ; les racines ne tiennent
nulle part ; la mince couche de terre qui les recouvre ne peut porter qu'une vaine écorce. —
L'absence de définition ou l'oubli des définitions,
c'est le trou au pied de l'arbre ; il est nécessaire
de le combler, nécessaire de définir et de définir
toujours. Il est d'utilité publique de faire une
bonne fois la police, au bas de la tribune, et de
n'y point laisser monter un adjectif, sans en dresser le signalement. Le régime parlementaire étant,
de sa nature, oratoire et par suite un peu théâtral,
il en résulte — ainsi l'exige l'acoustique du théâtre — que les mots doivent être enflés dans les
bouches pour arriver gros encore dans les oreilles. Mais il y a en toutes choses une proportion
et une mesure ; de temps en temps le besoin s'impose d'accorder l'instrument et de remettre au
point. — « Démocratie, messieurs, démocratie ! »
— Certainei... monsieur, démocratie. Mais,
s'il vous plaît, définissons.

Ce petit travail n'a pas d'autre but : définir. Il
ne veut être qu'un inventaire, qu'un catalogue,
qu'une analyse patiente et complète, s'il se peut,
qu'une sorte de *Syllabus* laïque et philosophique,
qu'un examen de conscience, fait parnous-mêmes

sur nous-mêmes, par un républicain pour des républicains. Il sera essentiellement critique et négatif, parce qu'il veut l'être, afin de ne pas ajouter des sources nouvelles aux vieilles sources de confusion. Désordre pour démolir, désordre pour reconstruire, deux désordres et non point un ordre. Le plus pressé est de déblayer, de faire place nette. Nous nous efforcerons de poursuivre l'erreur jusqu'en ses origines ; nous tâcherons, en tout cas, de l'arrêter, à son second degré, lorsque d'erreur elle se change en cause d'erreur ou en moyen de tromperie, lorsque déjà elle n'est plus seulement une erreur, mais un *sophisme*.

Qu'est-ce qu'un *sophisme*?

D'après Littré, c'est « un faux raisonnement qui a quelque apparence de vérité ». Par extension : « Sophismes d'amour-propre, d'intérêt, de passions; faux raisonnement que suggèrent l'amour-propre, l'intérêt, les passions. » D'après Bentham, « on donne en général le nom de sophisme à tout argument employé dans un but de déception, à toute théorie destinée à produire des opinions erronées. »

Cette définition de Bentham nous suffit : elle justifie le titre que nous avons choisi : *Sophismes politiques de ce temps* ; c'est-à-dire : *Théories po-litiques de ce temps destinées à produire des opi-nions erronées.*

Bentham, qui ne se proposait de traiter que des sophismes *parlementaires*, eût pu se conten-ter de la première partie : « arguments employés dans un but de déception » ; la deuxième partie s'étend et s'applique à tous les sophismes politi-ques, d'où qu'ils viennent et quels qu'ils soient. La distinction entre les sophismes parlementai-res et les sophismes politiques est sans nul doute un peu arbitraire et subtile, la théorie erronée finissant par prendre corps et vie dans l'argument captieux. Mais il nous a semblé que le sophisme politique était plutôt *de fond*, le sophisme parle-mentaire, plutôt *de forme* ; comme on voudrait toucher le fond, on n'a pas craint d'écrire : *Sophis-mes politiques.*

Non content d'énumérer et de classer les prin-cipales variétés du sophisme, Bentham en a étu-dié les caractères communs et les causes commu-nes. Parmi ces caractères, il relève deux traits : « 1° Chez ceux qui les emploient, les sophismes indiquent ou l'improbité ou l'inintelligence, ou un grand mépris pour les facultés morales de ceux auxquels ils s'adressent ; 2· Chez ceux qui les acceptent, ils indiquent une profonde faiblesse intellectuelle. » Quant aux causes communes à tous les sophismes, Bentham en compte quatre : il y en a sûrement davantage.

Il y a les préjugés fondés sur le respect idolâtrique des prétendus principes et de la prétendue discipline ; à côté de la « faiblesse intellectuelle », il y a la « paresse intellectuelle » ; pour les conséquences, c'est tout un.

Il y a les préjugés fondés sur *l'esprit simpliste,* autrement dit sur la disposition naturelle chez la plupart des hommes à n'envisager les choses que sous un seul angle, dans un seul jour et par une seule face. Et derrière *l'esprit simpliste,* il y a encore *l'esprit classique,* dont les ravages sont incalculables, né de l'enseignement universitaire qui, superposé à l'enseignement des Jésuites, lui-même superposé à l'enseignement du Moyen-Age, et se corrompant au long des siècles, distribué par égales portions à des cervelles inégales, a laissé après lui, dans des millions de têtes, comme des dépôts de fausse science ou de demi-science.

Ces préjugés, tirés de l'esprit simpliste et de

l'esprit classique (1), on les rencontre tout de suite, dès que l'on commence à passer en revue les idées données, reçues, échangées comme monnaie courante, en politique.

(1) M. Taine l'a bien marqué dans le premier volume de ses *Origines de la France contemporaine. — L'Ancien Régime*.

CHAPITRE II

DES FORMES DE GOUVERNEMENT

(*a*) SOPHISME DE LA MONARCHIE PURE
(*b*) SOPHISME DE LA DÉMOCRATIE PURE

La première question qui se pose, celle qui nous divise le plus, est la question des *formes de gouvernement*. Quel est le meilleur gouvernement, et d'abord, combien y a-t-il de formes de gouvernement? Neuf cent quatre-vingt-dix personnes sur mille répondent immédiatement : « Il y en a trois. » Vous croyez qu'elles vont nommer la royauté constitutionnelle, l'empire et la république ! Et l'*esprit classique*, qu'en faites-vous ? On remonte aux Grecs et aux Romains. On vous nomme la monarchie, l'aristocratie, la démocratie. On vous renvoie, par Montesquieu, à Aristote. Et ici se montre *l'esprit simpliste*, à un Aristote écourté, simplifié. Car, s'il est vrai qu'Aristote reconnaissait trois formes normales :

la *basilie* ou royauté, l'*aristocratie* et la *politie*, il citait aussi trois formes anormales : la *tyrannie* ou *despotie*, l'*oligarchie* et la *démocratie* (1).

Montesquieu en demeure là, avec cette différence qu'il fait du *despotisme* une forme normale ; au lieu de trois formes, nous en avons quatre : le despotisme, la monarchie, l'aristocratie et la démocratie.

Aristote, soit ; pendant plus de deux mille ans, le monde a vécu sur son système (avec quelles méprises et quelles fautes dans le classement !), tenant pour article de foi que l'aristocratique Sparte était une démocratie, ne parlant pas d'Athènes qui, elle, était vraiment démocratique, proclamant la république romaine, la meilleure, la plus parfaite des démocraties, la proposant en exemple à toutes les générations.

La révolution a vécu de ce système ; nous en vivons. Ce sont les républicains, les démocrates, les sans-culotte romains que les révolutionnaires français ont voulu imiter ; c'est la république ro-

---

(1) La *démocratie*, une forme anormale ! Elle a bien changé sur la route ! De peur de heurter trop violemment la convention, nous ne traduirons pas par démocratie, mais par *démagogie* ou par *ochlocratie* — domination de la foule pauvre et grossière.

maine, avec ses lois et son verbe, avec ses fais-
ceaux et ses toges, qui a hypnotisé ces bons
bourgeois de France, tout chaud sortis de l'*Ency-
clopédie.*

Sous le coup de cette suggestion — la plus
curieuse assurément de toutes les suggestions à
distance — on a vu renaître des Brutus, des Grac-
chus, des Mucius Scævola : on a rêvé de belles
actions primitives et de dévouements civiques
d'une barbarie grandiose; les âmes, du moins en
paroles, sont redevenues de la vieille roche. On
eût bien étonné le citoyen Babeuf ou le citoyen
Clootz (qui, d'ailleurs, préférait la Grèce) si on leur
eût prouvé, ainsi que l'a fait plus tard Herbert
Spencer, « qu'il y a moins de ressemblance entre
les institutions des Romains et les véritables institutions libres qu'entre un requin et un marsouin. »
¶ Prendre la république romaine pour une démocratie, c'est commettre une bévue pareille à celle
du naturaliste qui prendrait également pour des
poissons le requin et le marsouin, sous prétexte
que tous deux vivent dans l'eau. Tout de même,
sous prétexte que Rome était une république, on
en a vite conclu que c'était une démocratie. Préjugé fondé sur l'esprit simpliste. Sous prétexte

qu'elle avait été grande, on s'est ingénié à la copier, à la singer. Préjugé fondé sur l'esprit classique.

Ainsi, pour le vulgaire, trois ou quatre formes ; pas une de plus, pas une de moins. Des formes pures, intactes, tranchées, jamais combinées, jamais mêlées. L'esprit simpliste ne se fût pas accommodé de la moindre complication. Toutefois, Cicéron (qui cependant est un classique) avait bien soupçonné que ces catégories si nettes n'étaient que dans l'intelligence et n'étaient point dans les faits, et, comme il avait mis la main à la besogne, il avait vu que les formes se pénétraient les unes les autres, qu'il pouvait y avoir, qu'il y avait une forme combinée, une forme mixte :

« Il existe, dit-il, un quatrième genre d'État, que je recommande fort : il est composé et mêlé des trois précédents... Il convient, en effet, qu'il y ait, dans l'État, quelque chose de souverain, de royal, que quelque chose y soit accordé à l'autorité des grands, que quelque chose y soit réservé au jugement et à la volonté du peuple (1). »Mais

(1) Cicéron, *de Rep.*, I, 29 : *Quartum quoddam genus reipublicæ maxime probandum esse censeo, quod est ex his, quæ prima dixi, moderatum et permixtum tribus ;* et I, 45 : *Placet enim esse quiddam in republica præstans et regale, esse aliud auctoritati*

on s'était sans peine débarrassé de ce texte importun, en répliquant que, dans toute nation et toute cité, il faut que ce soit le peuple, ou les grands, ou le prince qui gouvernent; qu'il est plus facile de louer l'État mixte que de le réaliser; que, si, par hasard, il se réalise, il ne saurait se maintenir longtemps.

Du coup, les politiques de cabinet ont enterré la remarque, profonde et féconde, de Cicéron. Mirabeau lui-même ne réussit pas à la ressusciter, quand il s'écria, en 1790, au cours des débats sur la constitution : » Dans un certain sens, les républiques sont des monarchies, et, dans un certain sens, les monarchies sont des républiques. »

Mais, en dépit de toutes les classifications et de toutes les répugnances inspirées par l'esprit simpliste, c'est la vérité qu'il existe une forme de gouvernement mixte, combinée, mêlée de toutes les formes de gouvernement possibles Ou plutôt, c'est une partie de la vérité. La vérité tout entière, c'est qu'il n'a jamais existé, c'est qu'il n'existe pas, c'est qu'il n'existera jamais d'autres

principum partitum ac tributum, esse quasdam res servatas judicio voluntatique multitudinis.

gouvernements que cette forme mixte ; c'est que la monarchie pure est une chimère, comme l'aristocratie pure, comme la démocratie pure. C'est qu'un raisonnement, basé sur cette théorie erronée, ne peut produire que des opinions erronées, ne peut aboutir qu'à des fautes de pensée et de conduite, est vicieux et mène droit à des conclusions, à des résolutions vicieuses, n'est, en un un mot, qu'un sophisme.

Remontez aussi loin que vous voudrez. Où trouvez-vous le gouvernement d'un seul ? Louis XIV a beau dire : « L'État, c'est moi. » L'État, c'est lui et quelques autres ; l'État, c'est lui et Colbert. Allez aussi loin en sens opposé. Où trouvez-vous le gouvernement de tous ? De même qu'il n'est point de monarchie si absolue qu'elle se passe de ministres, de conseillers, de secrétaires ; de même il n'est pas de démocratie directe qui ne délègue quelques-uns de ses pouvoirs à des représentants, à des fonctionnaires.

Il n'est pas de monarchie absolue où la puissance du roi, pas d'aristocratie absolue où la puissance des princes, pas de démocratie absolue où la puissance du peuple ne soit limitée par rien. L'idée d'un gouvernement absolu, monarchique ou démocratique, est un concept logique, sans correspondant dans la réalité.

Heureusement. Car, dans ce cas, le monarque gouvernerait contre les grands et le peuple ; les grands, contre la foule ; la foule, contre tout ce qui serait au-dessus d'elle. On aurait le gouvernement d'une classe contre les autres classes ou le gouvernement de toutes ces classes contre l'une d'entre elles, le contraire même d'un bon gouvernement.

Encore une fois, le gouvernement du pays par le pays est une jolie formule, mais, prise à la lettre, c'est une absurdité épaisse, puisqu'on n'imagine pas, ou, si on l'imagine, on ne l'a vu nulle part, le peuple tout entier, également souverain, gouvernant le peuple tout entier, également sujet. Le plus qu'on puisse dire, c'est que personne ne sera privé de tout droit et que personne n'aura tous les droits. Et c'est à peu près tout, mais il suffit.

Il suffit, si les garanties sont sérieuses, si le contrôle est efficace, si la machine marche bien, pour que le gouvernement établi ait la qualité essentielle, indispensable à tout gouvernement, pour qu'il soit un gouvernement national, pour que, plus ou moins grande, plus ou moins petite, tout le monde, grands et petits, toute la nation y ait sa part.

Cette part, qui la déterminera? Quelle sera la meilleure forme ? Il n'y a qu'une réponse. Celle qui s'adaptera le mieux aux conditions actuelles de la vie nationale ; celle qui donnera le mieux l'image de la nation.

Mais sera-ce la monarchie ou la démocratie, la royauté ou la république? Ce sera tantôt une forme, tantôt l'autre, selon que, dans la vie nationale, une classe ou l'autre déploiera plus d'activité, prouvera plus d'aptitude ou occupera plus de place.

Comme il ne peut y avoir ni monarchie pure ni démocratie pure, cela revient à dire que le gouvernement contiendra tantôt plus, tantôt moins d'éléments monarchiques ou aristocratiques, tantôt plus, tantôt moins d'éléments démocratiques. Cela revient à dire que les formes en elles-mêmes sont presque indifférentes, que ce qui n'est pas indifférent, c'est le dosage, la proportion dans laquelle les éléments s'y associent.

La règle, pour que le dosage soit juste, par conséquent pour que le gouvernement soit bon,

c'est qu'il embrasse, sans en exclure aucun, sans
en exagérer aucun, les multiples facteurs de la
vie nationale, qu'il soit, en quelque sorte, à un
moment donné, la fidèle et frappante photogra-
phie de tout ce qui est, devient, demeure, se crée
et se conserve dans la nation.

(c) SOPHISME DE LA LÉGITIMITÉ MONARCHIQUE
(d) SOPHISME DE LA LÉGITIMITÉ DÉMOCRATIQUE

A quels signes reconnaîtra-t-on qu'un gouvernement s'adapte aux conditions actuelles de la
vie nationale? 1° A son institution; 2° à sa durée.
L'un de ces faits est une présomption, l'autre une
preuve de son excellence (prenez excellence dans
un sens relatif). Plus il durera, et, tandis qu'il
dure, moins il sera contesté — moins il aura né-
gligé ou froissé d'éléments de la nation, plus il se
sera approché de la fin, de l'objet du gouvernement, plus il aura été un bon gouvernement.

Ce n'est pas tout. Tant qu'il durera, il acquerra de la légitimité, il absorbera en lui toute légitimité, il sera le seul gouvernement légitime. Il

sera comme le complément, comme le couronne-
ment, comme l'aboutissement de la vie nationale:
contre ce gouvernement, il ne saurait y avoir de
gouvernement; contre sa légitimité de fait, il
ne saurait y avoir de légitimité supérieure.
D'où tire-t-il son droit? De ceci, *du fait*; de son
existence et de sa durée.

J'entends bien qu'à l'extrême droite et à l'extrême gauche, on murmure que c'est peu. Je
répète que c'est assez. J'entends que les uns parlent de Dieu et les autres du peuple. Pour les uns
le pouvoir légitime descend des cieux, comme d'une
fontaine toujours coulante, mais dont les eaux
canalisées ne passent, en minces filets, que dans
le jardin d'une seule famille. Pour les autres, le
pouvoir légitime monte du sol en une large nappe,
par une poussée irrésistible : il n'y aurait qu'à
presser pour le faire jaillir. Les uns et les autres
font là, qu'ils le sachent ou ne le sachent pas, de
la métaphysique politique. Les uns disent : « Dieu, »
mais Dieu, en politique, n'est qu'une hypothèse.
Les autres disent : « le peuple ». Mais le peuple,
en politique, n'est qu'une entité.

On n'en est plus à apprendre comment s'est
formée et s'est accréditée la superstition d'une

légitimité monarchique. Ce n'est pas Dieu qui s'est fait empereur romain, ce sont les empereurs romains qui se sont déclarés dieux. Un peu de théocratie dans les temps très lointains, les chefs à la fois prêtres et rois, et puis de la théocratie au rebours, le maître à la fois prêtre et dieu ; joint à cela, le besoin de sentir son héritier consacré ; quoi de plus? la légitimité est faite. Elle est faite, mais ce n'est pas l'Esprit-Saint, la colombe mystique, volant, la tête basse, des hauteurs inaccessibles ; c'est l'orgueilleux géant, dressé, tendu sur la pointe des pieds, essayant de se baigner, de se purifier dans les nuages, de se ceindre le front d'une couronne d'étoiles.

Pour la seconde théorie, qui fait dériver le pouvoir du peuple, de la foule, elle n'est ni moins fausse ni moins dangereuse. S'il n'y a qu'à presser pour le faire jaillir, prenez garde à qui posera le doigt. Droit populaire, démocratie sans frein, démagogie, dictature, césarisme, c'est l'échelle fatale : vous n'y échapperez pas. Où donc est la source du pouvoir ? Dans la nation, non dans le peuple, non dans la foule qui est la majorité, mais qui n'est qu'une partie de la nation, dans la nation agissant, vivant de tous ses membres et de tous ses organes, les plus nobles et les plus humbles, non pas la tête seulement, non pas les pieds seulement, toute l'âme, tout le corps, la tête et les pieds. Et maintenant, quel sera le gouvernement légitime ? La monarchie ? Peut-être. La démocratie ? Peut-être. Celui qui ne sacrifiera aucun organe, qui donnera à chacun toute sa valeur : appelons-le, si vous voulez, le gouvernement *organique*.

Mais enfin, quelle forme revêtira-t-il, ce gouvernement organique ? Il a pu les revêtir toutes. Il a pu être jadis une monarchie dite absolue, lorsque les seigneuries furent brisées et que le peuple, le nombre, ne comptait pas, politiquement n'existait pas encore. Aujourd'hui le peuple existe, ce régime de légende, on ne le reverra plus. L'idée est morte, du *dominium terræ*, du roi propriétaire de la terre et des hommes. Gravement atteinte dans Louis XVI, galvanisée à grand'peine par Louis XVIII et Charles X, elle a été achevée par Louis-Philippe, *roi des Français*. La monarchie, sortie d'elle, insuffisamment organique, pouvait convenir à une nation à demi inorganique encore. Mais à présent ? Autant vaudrait songer à ramener l'âge fabuleux de l'arquebuse à rouet. Du reste, c'est discourir dans le vide, puisque cette monarchie de droit divin est tombée,que le comte de Chambord n'a pas régné, qu'il n'a pas eu d'enfants et que la grâce de Dieu est vacante.

Par la disparition de cette forme surannée et devenue caduque longtemps avant sa chute, le champ des compétitions se resserre. Il n'y a plus en présence que la monarchie constitutionnelle et la démocratie représentative. L'aristocratie, elle aussi, est une forme surannée. Elle est partout subordonnée aux monarchies ou aux démocraties. Le césarisme, l'empire, est une forme anormale, comme disait Aristote ; la nation peut être contrainte de le subir ; il l'empêche de vivre et l'étouffe en se chargeant de vivre pour elle.

Qu'est-ce, par contre, que la monarchie constitutionnelle? Un État national, un État public, une *république* — qu'on se rappelle la phrase de Mirabeau. — Mais pourquoi serait-ce la meilleure des républiques? A cause de l'hérédité ? Ses inconvénients compensent, et au-delà, ses avantages. A cause de la royauté même ? En somme, « si le roi règne et ne gouverne pas, si tout le gouvernement effectif est attribué aux ministres, l'autorité est républicaine », le gouvernement est républicain. Si le roi règne et ne gouverne pas, « le plus médiocre des hommes sera le plus désirable des rois (1). » Pour employer l'expression du parti radical prussien de 1848, tenez-vous beaucoup à « ce chapeau sans tête » ?

Le plus clair mérite de la monarchie constitutionnelle, c'est d'avoir un prince qui protège les minorités contre les usurpations de la majorité. Mais, ce mérite, est-ce qu'une démocratie sagement réglée ne peut pas l'avoir ou l'acquérir?

Regardons plus aux choses et moins aux mots. Sous quel régime sommes-nous à l'heure qu'il est? Sous un régime mixte. Une république avec un président qui, M. Jules Simon l'observait l'autre jour, est plus roi que Louis-Philippe. Et M. Jules Simon n'est pas tous seul de cet avis. M. Goblet, M. Clémenceau, M. Ranc, M. Sigismond Lacroix ne se lassent pas de gémir, parce que « la Constitution est monarchique ». Il est vrai, elle est monarchique ou tout au moins *monarchisante*; elle contient quelque chose de monarchique. Et, d'autre part, elle contient quelque chose d'aristocratique, ne fût-ce que par le prestige qui

____

(1) Bluntschli, *Théorie générale de l'État*, p. 280.

s'attache aux sénateurs et députés élus, mais, par l'élection, élevés au-dessus de la foule.

S'imaginerait-on d'aventure que la démocratie contemporaine n'a gardé nulle trace d'aristocratie? Une aristocratie! Mais, sans sortir du Parlement, il s'en est formé une, chez nous, depuis la Constituante et la Convention : la liste serait curieuse à dresser, des fils, petits-fils ou petits-neveux de constituants et de conventionnels qui, de 1800 à 1890, ont été ou sont investis de fonctions électives.

Je n'en dis point de mal, je le constate et, l'ayant constaté, ayant constaté que notre vie nationale comporte un reste de mœurs monarchiques et qu'un de ses facteurs importants est une sorte d'aristocratie bourgeoise, je loue grandement la constitution de 1875 d'être « monarchisante » et « aristocratisante » ; ce n'est pas un motif pour que j'en demande, c'est un motif pour que j'en combatte la revision.

Il faut conclure. Voilà un gouvernement qui satisfait pleinement aux conditions de la vie nationale. C'est donc un bon gouvernement. Il est mixte, mêlé d'un sixième de monarchie, d'un sixième d'aristocratie et de quatre sixièmes de démocratie. La combinaison est donc équitable.

Vous, monarchistes intransigeants, vous voudriez les six sixièmes de monarchie ; vous, démocrates intransigeants, les six sixièmes de démocratie. Mais, si l'on vous cédait, il ne s'adapterait plus à la nation ; il ne se moulerait sur rien, il serait en l'air. Vous, monarchistes du bon vieux temps, vous voulez l'orienter vers la monarchie pure. Sophisme, puisqu'il n'y a jamais eu de monarchie pure. Vous, démocrates de l'avenir, vous voulez l'orienter vers la démocratie pure. Sophisme, puisqu'il n'y aura jamais de démocratie pure. Vous, monarchistes du trône et de l'autel, vous contestez son origine. Sophisme, puisqu'il n'y a pas de légitimité monarchique supérieure. Vous, démocrates jacobins, au nom d'une soi-disant divinité du nombre, vous voulez le pousser hors de toute limite. Sophisme, puisqu'il n'y a pas de légitimité démocratique supérieure.

Vous, monarchistes constitutionnels, votre légitimité est la même que la sienne : c'est la légitimité de fait. La lui contesteriez-vous ? Sophisme, puisqu'il dure, sans trouble et sans oppression, depuis vingt ans. La réclameriez-vous à votre profit ? Sophisme, puisque, depuis quarante-deux

ans, vous n'avez plus la possession d'état et que
la diplomatie internationale qui , avant tout,
reconnaît le fait, vous témoigne des égards,
mais ne vous reconnaît plus. Contestez-vous sa
qualité? Sophisme. Il vaut précisément ce que vous
vaudriez : vous seriez un peu moins république
que lui, il est un peu moins monarchie que vous.

Refusez-vous d'y entrer, parce qu'il n'est pas
héréditaire et confié en telles ou telles mains ?
Sophisme, et de la plus laide espèce, basé sur un
intérêt personnel. Vous plaignez-vous qu'on vous
en chasse ? Sophisme, puisqu'il vous est ouvert
et que c'est vous qui vous en exilez vous-mêmes.
Mais vous, farouches démocrates, vous plaignez-
vous qu'on vous fasse la guerre ? Sophisme, puisque vous traitez en ennemie toute une partie de la
nation qui, dans le gouvernement national, dans
le seul gouvernement viable, dans le seul gouvernement légitime, possède, au même titre que vous,
les mêmes droits que vous.

RÉCAPITULATION

On voudrait avoir établi dans les remarques précédentes :

1° Que la distinction classique, la division aristotélique des formes de gouvernement ne reposait que sur une observation très incomplète, très superficielle et tout extérieure des faits ; qu'il n'y a, à proprement parler, ni monarchie pure, ni aristocratie pure, ni démocratie pure ; que non seulement il peut y avoir une forme de gouvernement composée et même *des formes* composées, et plusieurs, et beaucoup, et presque à l'infini, suivant que tel ou tel élément l'emporte plus ou moins dans la combinaison, mais qu'il ne saurait y avoir, en réalité, qu'il n'y a jamais eu autre chose que des formes composées ; qu'enfin la forme simple n'est que dans l'esprit et n'est point dans les choses.

2° Que la proportion dans laquelle s'opère le mélange des divers éléments, monarchie, aristocratie, démocratie, est déterminée par les conditions de la vie nationale ; que, par conséquent, la qualité essentielle de tout gouvernement est de ne négliger aucune des fonctions et de ne froisser aucun des organes de la nation ; que, conséquemment encore, *monarchique*, *aristocratique*, *démocratique* sont de vaines étiquettes, qu'il faut et qu'il suffit que le gouvernement soit véritablement *organique* ; que, s'il l'est, il durera ; que, s'il dure, sans oppression et sans révolte, il aura démontré sa légitimité, qui réside dans son utilité, dans son efficacité, et nulle part ailleurs, au ciel ou sur la terre.

3° Qu'en de certains moments de la vie nationale, la monarchie et l'aristocratie ont bien pu être les formes qui s'adaptaient le mieux à la nation, qui la représentaient et la servaient le mieux, qui étaient les plus *organiques*, c'est-à-dire qu'en de certains moments la nation appelait et le gouvernement contenait la plus forte somme, tantôt d'éléments monarchiques, tantôt d'éléments aristocratiques, mais que ce temps est passé, que les conditions de la vie nationale ont changé, que la proportion est renversée ; que, sans doute, tout souvenir et tout instinct monarchiques ne sont pas

définitivement éliminés, que toute trace d'aristocratie n'est pas effacée, qu'il reste quelque chose
de l'ancienne et qu'il s'en est formé ou s'en forme
de nouvelles ; mais que le rôle de l'élément aristocratique, de prépondérant est devenu secondaire,
et que celui de la monarchie est désormais bien
fini.

4° Que si, par le plus imprévu des hasards, il
nous revenait une monarchie constitutionnelle,
on peut dire que cette monarchie même ne serait
qu'une démocratie représentative, avec un chef
héréditaire. Car nul gouvernement n'est à présent
possible en France, qui n'ait une base démocratique.

C'est pourquoi il importe de rechercher quels
sont, comme dit Montesquieu, la nature et le
principe de la démocratie — nous usons de ces
mots faute d'en avoir de meilleurs et en ne per-
dant pas de vue que — quoi qu'on en pense dans
les réunions publiques — la démocratie ou ce
qu'on nomme ainsi n'est, comme la monarchie,
qu'une forme de gouvernement.

CHAPITRE III

DES VERTUS DE LA DÉMOCRATIE

(a) DE LA VERTU COMME PRINCIPE DE LA DÉMOCRATIE

Voici le texte de *l'Esprit des lois*, d'où l'idée actuelle de la démocratie, à l'insu le plus souvent du vulgaire qui la professe, tire son origine : « Dans un État populaire, il faut un ressort de plus (que dans un État monarchique), qui est *la ver-tu* (1). »

Qu'est-ce, pour Montesquieu, qu'un État populaire ? Ce n'est pas précisément un gouvernement républicain, ou plutôt c'est un gouvernement républicain d'une espèce particulière : « Le gouvernement républicain est celui où le peuple en corps, ou seulement une partie du peuple, a la souveraine puissance (2). » De là, deux sortes de république. « Lorsque, dans la république, le peuple en corps a la souveraine puissance, c'est une dé-

(1) *Esprit des lois*, III, III.
(2) *Ibid*, I, III.

mocratie(1). » Un peu plus loin, Montesquieu insiste là-dessus : « J'ai dit que la nature du gouvernement républicain est que le peuple en corps, ou de certaines familles y aient la souveraine puissance. » Il en résulte que le gouvernement républicain est, selon les cas, démocratique (2) ou aristocratique. Encore faudrait-il savoir ce qu'on doit entendre par « la souveraine puissance. »

Si l'on pressait de questions l'auteur de *l'Esprit des lois*, il répondrait que le peuple en corps a la souveraine puissance, lorsque, dans une république, « il est, à certains égards, le monarque ». Mais quand le peuple est-il « le monarque (3) » ? C'est quand, en donnant librement ses suffrages, il dicte souverainement ses volontés. Ses suffrages sont ses volontés et ses volontés sont lui-même : vous voyez bien que le peuple votant est le peuple régnant. Et nous tombons dans la métaphysique, ce qui est toujours un grand danger. Sans aller jusqu'au bout, contentons-nous de noter que Montesquieu prend « démocratie » au sens absolu et qu'il ne connaît pas d'autre démocratie que la dé-

(1) *Esprit des lois*, II, ii.
(2) *Ibid.*, III, i.
(3) *Ibid*, II, ii.

mocratie directe. Une république, où le peuple en corps n'exerce pas lui-même la souveraine puissance, où cette souveraine puissance est déléguée, n'est pas une démocratie, mais une aristocratie. Il sera bon de ne point l'oublier ; autrement, on confondrait tout.

Telle est donc, sous son double aspect, la *nature* du gouvernement républicain : démocratie — et démocratie directe — ou aristocratie. Le principe, le ressort de la démocratie, de cet État républicain où le peuple en corps a la souveraine puissance, est *la vertu*. Mais *la vertu*, qu'est-cela ?

Montesquieu a pris soin de prévenir ses lecteurs dans un avertissement spécial : « Ce que j'appelle, écrit-il, la vertu dans la république est l'amour de la patrie, c'est-à-dire de l'égalité. Ce n'est point une vertu morale… » Et plus bas : « J'ai appelé vertu politique l'amour de la patrie et de l'égalité (1). » Il y a là un « c'est-à-dire », on ne peut plus malencontreux, dont l'emploi tendrait à faire croire qu'il n'y a nulle différence entre la patrie et l'égalité, et que les deux amours ne sont, au bout du compte, qu'un seul et même amour. Mais

______

(1) *Esprit des lois*, avertissement.

passons. Nous savons ce qu'est la vertu dans la république, et ce qu'elle n'est pas. L'auteur va préciser encore, en nous disant ce qu'est l'homme vertueux, *l'homme de bien politique, l'homme qui a la vertu politique*: « C'est l'homme qui aime les lois de son pays et qui agit par l'amour des lois de son pays. »

La vertu se réduirait-elle à n'être que le respect des lois, le respect avec quelque chose de plus actif et de plus fort, qui est l'amour ? Vertu politique, amour de la patrie et de l'égalité, amour des lois de son pays. Il semble qu'il ne soit pas d'une extrême difficulté d'être vertueux : « La vertu, dans une république, est une chose très simple ; c'est l'amour de la république, c'est un sentiment et non une suite de connaissances ; le dernier homme de l'État peut avoir ce sentiment comme le premier (1). » En tout cas, dans une république, l'amour des lois, la vertu est d'étroite nécessité : « Le monarque qui a cessé de faire exécuter les lois peut se corriger. Mais lorsque, dans un gouvernement populaire, les lois ont cessé d'être exécutées, comme cela ne peut venir que de la corruption de la république, l'État est déjà per-

____

(1) *Esprit des lois*, V, 1.

du (1). »Ce n'est donc pas une chose si simple que la vertu politique, sinon à concevoir, du moins à pratiquer? Mais non : « La vertu politique est un renoncement à soi-même qui est toujours une chose très pénible. On peut définir cette vertu l'amour des lois et de la patrie. Cet amour, de mandant une préférence continuelle de l'intérêt public au sien propre, donne toutes les vertus particulières; elles ne sont que cette préférence (2). »

Ne sent-on pas que l'esprit classique va se montrer et nous offrir en exemple les démocraties héroïques ou prétendues telles, Sparte, Rome, l'antiquité ? En effet : « Les politiques grecs qui vivaient dans le gouvernement populaire ne reconnaissaient d'autre force qui pût le soutenir que celle de la vertu. Ceux d'aujourd'hui ne vous parlent que de manufactures, de commerce, de finances, de richesses et de luxe même (3). »

Or, nous avons déjà vu que la vertu, dans la république, est l'amour de l'égalité. C'est, en outre, l'amour de la frugalité : «Chacun devrait y avoir le même bonheur et les mêmes avantages, y doit

(1) *Esprit des lois,* III, III.
(2) *Ibid.,* IV, v.
(3) *Ibid.,* III, III.

goûter les mêmes plaisirs et former les mêmes espérances : chose qu'on ne peut attendre que de la frugalité générale (1).»

On nous ramène au brouet noir. Ce n'est pas la peine de nous appesantir. Sans manquer d'égards au génie, il est permis de faire observer combien tout cela est faux, conventionnel, de vieille rhétorique. Montesquieu déclare sans hésiter qu'il est de l'essence de la démocratie de procurer *le bonheur* aux individus et à tous un bonheur égal. Il est vrai que, cette félicité républicaine, il la borne « au seul bonheur de rendre à sa patrie de plus grands services que les autres citoyens (2) ». — Ce n'en est que d'autant plus spartiate — hélas ! que d'autant plus chimérique. Montesquieu ne saurait se le dissimuler complètement. Quand il a posé *les principes des trois gouvernements*, il ajoute : « ce qui ne signifie pas que, dans une certaine république, on soit vertueux, mais qu'on devrait l'être (3). »

Jusqu'ici, toutefois, Montesquieu ne s'est servi du mot vertu que dans un sens très restreint et nettement fixé à l'avance : par ce mot, il entend

[(1) *Esprit des lois*, V, iii.
(2) *Ibid.*, V, iii.
(3) *Ibid.*, II, xi.

amour de la patrie et de l'égalité, amour des lois
de son pays, amour de la frugalité. Sauf ce dernier amour, trop directement renouvelé de Lycur-
gue, les plus sceptiques d'entre nous peuvent admettre que la vertu soit le principe des démocraties. Mais on va voir où « la frugalité » conduit
l'auteur de *l'Esprit des lois.*

Dépouillée des charmes du style et des fines observations de détail qui en sont comme la chair
et la couleur, voici, toute sèche, la carcasse de la
parfaite constitution démocratique, selon le cœur
de Montesquieu :

1º Il ne faut pas, dans une république, que personne reçoive des présents de l'État (1) : « Dans
une république , les présents sont une chose
odieuse, parce que la vertu n'en a pas besoin. »

2º Il ne faut pas, non plus, de récompenses (2) :

« Dans une république où la vertu règne, motif
qui se suffit à lui-même et qui exclut tous les autres, l'Etat ne récompense que par des témoignages
de cette vertu. »

3º Tout le monde doit être contraint d'accepter
les fonctions publiques ; personne ne peut s'y dé-

____

(1) *Esprit des lois,* V, xvii.
(2) *Ibid.,* V, xviii.

rober. Dans une république, « les magistratures
sont des témoignages de vertu, des dépôts que la
patrie confie à un citoyen, qui ne doit vivre, agir
et penser que pour elle : il ne peut donc pas les
refuser ».

4° « Il faut des censeurs dans une république,
où le principe du gouvernement est la vertu (1). »

5° Pas de luxe : « Dans les républiques, où les
richesses sont également partagées, il ne peut point
y avoir de luxe. »

6° Et, comme cette égalité de distribution fait
l'excellence d'une république, il faut la maintenir
sévèrement, au besoin par des lois agraires : « Les
lois du nouveau partage des champs, demandé
avec tant d'instance dans quelques républiques,
étaient salutaires par leur nature. Elles ne sont
dangereuses que comme action subite (2). »

7° Il faut aussi des lois somptuaires : « Les républiques périssent par le luxe... Un État peut
faire des lois somptuaires dans l'objet d'une frugalité absolue; c'est l'esprit des lois somptuaires
des républiques (3). »

(1) *Esprit des lois*, V, xix.
(2) *Ibid.*, VII, ii.
(3) *Ibid.*, VII, iv.

Mieux que cela :

8° « Les dots doivent être médiocres dans les républiques, où le luxe ne doit pas régner... La communauté des biens est très convenable dans le gouvernement monarchique, parce qu'elle intéresse les femmes aux affaires domestiques et les rappelle, comme malgré elles, au soin de leur maison. Elle l'est moins dans les républiques, où les femmes ont plus de vertu (1). »

Il semble que, maintenant, la vertu, pour Montesquieu, ne soit pas uniquement politique, et n'est-ce pas que voilà des conséquences assez inattendues du régime républicain ?

La république, outre le luxe, doit éviter un autre écueil, qui est la corruption de son principe : « Le principe de la démocratie se corrompt, non seulement lorsqu'on perd l'esprit d'égalite, mais encore quand on prend l'esprit d'égalité extrême et que chacun veut être égal à ceux qu'il choisit pour lui commander (2). » L'un de ces excès aboutirait à l'aristocratie ou à la monarchie, l'autre au despotisme d'un seul. Comment donc conserver intact le principe, l'amour de la patrie,

(1) *Esprit des lois*, VII, v.
(2) *Ibid.*, VIII, ii.

des lois, d'une juste égalité, de la frugalité ? Par le prestige de l'exemple, par la contagion du bien, dans une forme solennelle ; par « l'institution d'un corps qui soit par lui-même la règle des mœurs », d'un Sénat « où l'âge, la vertu, la gravité, les services donnent entrée ; les sénateurs, exposés à la vue du peuple comme les simulacres des dieux, inspireront des sentiments qui seront portés dans le sein des familles (1) ».

DES VÉRTUS DE LA DÉMOCRATIÉ

De ces préceptes, de ces traits réunis, ressort et se dresse en bloc la conception que Montesquieu s'était faite du gouvernement démocratique : conception tout abstraite, tout idéale, ou du moins trop fortement mêlée d'idéal et d'abstrait. Pour la développer, il a peint — c'est lui qui l'a dit — les hommes, non comme ils sont, mais comme ils devraient être, et, par elle, il apparaît comme une sorte de Corneille de la théorie politique.

Cette conception, qui n'a pour nous que peu de

____

(1) *Esprit des lois*, V, VII.

valeur scientifique et politique, nous avons tenu à l'analyser longuement, parce que nous avons cru y trouver le germe de nombreuses absurdités qu'on a depuis lors professées sur la nature et le principe du gouvernement démocratique, sur la vertu dans une démocratie et les vertus de la démocratie. Nous avons cru y voir une source féconde d'erreurs, un véritable nid à sophismes. Les côtés faibles et les points contestables de la thèse de Montesquieu n'ont pas échappé même à ses premiers commentateurs, ni à Voltaire, dont le sens critique est presque toujours infaillible, ni à Destutt de Tracy, dont la franchise et la vigueur intellectuelle s'accommodent mal des subtilités et, osera-t-on le dire lorsque Montesquieu est en cause? des paradoxes ou des puérilités. « Qu'est-ce donc que cette vertu, demande Destutt de Tracy, uniquement propre aux républiques? Serait-il vrai que la vraie vertu soit déplacée quelque part ? »

Et ailleurs, à propos de la vertu, envisagée comme renoncement à soi-même, que Montesquieu donne expressément pour base au régime républicain, Destutt de Tracy réplique avec beaucoup de justesse : « Pour moi qui, néanmoins, ne saurais m'en tenir aveuglément à ce qu'on m'a dit autrefois en m'expliquant Cornélius Népos ou Plutarque, ou même Aristote, j'avoue naïvement que je n'estime pas plus Sparte que la Trappe, ni les lois de Crète, si toutefois nous les connaissons bien, plus que la règle de saint Benoît. »

Destutt est choqué de tant d'exagérations et d'une contradiction intime devant laquelle Montesquieu ne s'est pas arrêté, mais qui cependant, à elle seule, suffirait pour ruiner le système : Montesquieu nous présente, observe-t-il, le gouvernement républicain « comme insupportable et presque aussi absurde (que le despotique), tout en lui prodiguant son admiration (1). »

Eh ! certainement, si la vertu est si difficile, si « le gouvernement républicain » a pour base le renoncement à soi-même, et si ce renoncement est « une chose très pénible » — alors « le gouvernement républicain » a beau avoir tous les mérites en théorie et toutes les supériorités, il est impossible dans la pratique ; il est en opposition avec la nature de l'homme ; il suppose une humanité meilleure que ne l'est l'humanité. (Notez que par *gouvernement républicain*, on doit en-

---

(1) Destutt de Tracy. *Commentaire sur l'Esprit des lois*, II, III, etc.

tendre, comme ci-dessus, une démocratie directe,
pas du tout ce que nous entendons à l'ordinaire
par république.)

Tout l'échafaudage logique repose sur l'hypothèse que l'homme est bon, plus que bon, excellent, capable à tout instant d'immolation. C'est le
commencement de cet étonnant et déconcertant
optimisme du xviiie siècle où, pour un peu, dans
les bergeries, les loups eux-mêmes seraient or-
nés de rubans.

Laissez venir Rousseau, laissez-le appliquer
là-dessus sa pensée pauvre et frénétique, avec sa
phraséologie ardente et le clinquant de son style.
Peut-être, ainsi que Montesquieu, sera-t-il frappé
tout d'abord des inconvénients de la démocratie
plus que de ses qualités ; c'est une justice à lui
rendre qu'il a mesuré les obstacles (1). Mais
soyez assurés qu'il les saute d'un bond. Et tout
de suite il entonne l'hymne à la sagesse, à la pré-
voyance, à l'intelligence de la foule, à la divinité
du nombre. Cet abstracteur de quintessence, que
l'histoire n'embarrasse pas, parce qu'il n'en sait
pas un mot, s'écrie, dans un de ses élans accoutu-

____

(1) Rousseau, *Contrat social*, III, IV.

més : « Le peuple se trompe bien moins sur ses choix que le prince, et un homme d'un vrai mérite est aussi rare dans le ministère qu'un sot à la tête du gouvernement républicain. »

Et voyez : la conception de Montesquieu, mal assise au point de départ, s'est déformée déjà et va se déformant de plus en plus. Elle grossit, elle s'enfle, elle s'accroît d'épithètes. La vertu, suivant Montesquieu, et non point une vertu morale, la vertu politique, l'amour des lois, n'était que le principe, que le ressort de la démocratie. Dorénavant, la démocratie aura toutes les vertus politiques et morales, et s'il en était d'une troisième espèce, on dirait qu'elle les a.

En même temps, le sens même du mot démocratie s'est altéré, s'est perdu. On ne sait plus que la démocratie est une forme de gouvernement, n'est qu'une forme de gouvernement. Ces quatre syllabes revêtent un air sacré et mystérieux. On ne les prononce qu'après un grand silence, dans le recueillement, avec des rites. Elles sont, comme les choses religieuses, enveloppées d'une vénération muette — *religiosus horror*. La Révolution épaissit le nuage. « Français, dit Robespierre, dans un de ses discours, n'est-ce pas l'Être suprême qui, dès le commencement des temps, décréta la république? » On guillotine au nom « des pures vertus républicaines » pour imposer les commandements de « la saine démocratie ». *Saine* et quelquefois *sainte*. On prêche dans les églises changées en clubs, dans les clubs érigés en églises, la fraternité ou la mort. Renchérissant jusqu'en pleine Terreur sur les illusions de la génération précédente, « la niaiserie philosophique (1) » et l'hypocrisie jacobine ne se lassent pas « de célébrer les vertus de l'humanité à l'état de démocratie naturelle ».

La Convention ne s'adresse pas à la France toute seule : elle catéchise l'univers. L'enthousiasme franchit les monts et traverse les mers. Il nous revient d'Amérique en des pages qui ressemblent à des strophes, en des strophes d'une envergure immense : « Le changement préordonné par la sagesse divine et qu'aucune politique humaine n'avait pu retarder, écrit Bancroft (2), se manifestait aussi uniformément, aussi majestueusement que les lois de l'Être; il était aussi cer-

(1) Sir Henry Sumner Maine, *Essais sur le gouvernement populaire*, p. 112.
(2) Bancroft, *History of the United States*. (The american Revolution, I, p. 1.)

tain que les décrets de l'éternité. » Mais ce n'est rien ; Bancroft n'est pas poète ; écoutez ce disciple de Walt Whitman (1) :

« Jusque dans le sein des nations lointaines s'entend un bruissement comme le bruissement des feuilles de la forêt.

« La joie, la joie se lève sur la terre...

« Le sublime Orient nous apporte du fond des âges ce joyau sans prix de la pensée, le germe de la démocratie !...

« O yeux brillants ! O splendeur des cascades ! Puis-je ignorer, ô démocratie, que tu contrôles et inspires toute chose, et que toi aussi tu en procèdes,

« Aussi sûrement que le Niagara procède de l'Érié et de l'Ontario ? »

Du moment que la littérature s'en mêle ! Et elle s'en mêle avec Louis Blanc, avec Lamartine, avec Tocqueville même. Et elle s'en mêle non seulement par des livres, mais par des chansons de rue ou de café-concert. Et non seulement la littérature, mais la conférence, la parlote. Après le tour des doctrinaires et de la bourgeoisie libérale, vient le tour des gens de 1848. Et peu à peu

____

(1) Cité par Sumner Maine, *Gouvernement populaire*, 104.

l'obscurité se fait complète. C'est une nuit dans laquelle tout le monde marche à tâtons vers on ne sait quel éblouissant soleil.

Qu'est-ce que la démocratie ? Qui pourrait le dire ? Ceux qui éprouvent encore le besoin de le savoir ne sont pas éloignés de penser que c'est une force physique. Ce n'est plus le gouvernement du peuple, mais le peuple même, la nation considérée dans sa masse, le Nombre, et le Nombre en mouvement. C'est le Nombre qui s'avance, qui arrive, à poussées régulières, porté par une puissance irrésistible, cédant aussi à une attraction céleste, comme une marée : « Le flot montant de la démocratie. » Pour d'autres, c'est la personnification gigantesque de leurs vœux exaucés, de leurs aspirations réalisées. Ils sont comme cette paysanne qui, entendant parler de libre-échange, croyait que Libre-Échange était un homme, un ministre de l'Empire, et le chargeait de malédictions. Ils s'imaginent ou paraissent s'imaginer que la démocratie est un être vivant, le Messie des âges futurs, qui arrivera à son heure, pour la rédemption des humbles.

A quoi bon discuter ? Ces rêveries, ces songeries creuses rentrent dans le domaine du roman politique ; elles naissent, comme dit Bluntschli, d'une étrange manie « de glorification idéaliste ». Elles ont juste la même valeur que les passages sur la Bétique ou sur Salente dans le *Télémaque* de Fénelon. Mais, par malheur, elles ne sont pas toujours si aimables ni attendrissantes.

Vainement on s'exténuerait à prouver que depuis deux mille ans et plus il y a des démocraties, que le flot tant attendu a battu depuis des siècles les confins de tous les États et que néanmoins, à côté des démocraties, les monarchies subsistent, comme au temps de Sparte et d'Athènes ; que, par suite, il n'y a vraisemblablement rien de fatal dans le phénomène et que, si l'absorption des monarchies par les démocraties devait se faire, elle serait faite : on ne désenchanterait pas une âme. Du haut en bas de la pyramide sociale, c'est une griserie, une intoxication.

On n'en est pas plus préservé dans le Parlement que dans les réunions publiques. Une magie s'attache aux quatre syllabes flamboyantes de *démocratie*. A elles seules, elles tiennent lieu de raison et de raisons, de toutes les raisons et de toute la raison. Elles sont la dernière et décisive ressource des orateurs qui ne savent plus que dire, le « tarte à la

crème » des Mascarilles politiques. Il semble
qu'elles ouvrent des perspectives infinies à des
législateurs qui ne voient pas le bout de leur
nez.

Elles constituent, par l'usage auquel on les fait
servir, le plus pernicieux des sophismes — *ad
imaginationem* — une des *idoles* de Bacon. A
peine sont-elles tombées d'une bouche plus ou
moins éloquente, qu'un petit frisson parcourt les
assemblées. M. Floquet, quand il les émet, est
pâle comme la Pythie. Il leur doit ses plus beaux
triomphes. M. Rouvier, dans la séance du 19 décembre 1890, au Sénat, y a recouru une dizaine
de fois, car nous avons, ne vous déplaise, le budget démocratique, les réformes démocratiques, les
dépenses démocratiques et les économies démocratiques. Ouvrez le recueil des professions de
foi, si amoureusement mis au jour par M. Baro-
det, vous en découvrirez bien d'autres. Pour les
vingt-cinq premiers départements, par ordre al-
phabétique, j'ai relevé treize ou quatorze de ces
propositions entachées de fétichisme, même lorsque le candidat s'est souvenu, ce qui est rare, que
la démocratie, nous le répéterons à satiété, n'est
qu'une forme de gouvernement.

Soit, il se résigne à convenir que la république est un gouvernement, ni plus ni moins que la monarchie, mais, par compensation, il la gratifie de toutes les propriétés, de toutes les qualités. Ce ne sont plus des vertus qu'elle a, ce sont des attributs. La première des propositions soumises au concile des électeurs, c'est, on l'a vu, que la démocratie (disons : pour être plus clair : la république) est l'objet et la fin de l'évolution humaine, que les sociétés y roulent vertigineusement, qu'elle monte à flots pressés, et que le jour est proche où elle couvrira la surface de la terre. C'est le règne de Dieu invoqué dans l'oraison dominicale : *Adveniat regnum tuum* !

La deuxième proposition est que, montant comme un flot, la république ne peut subir d'arrêts et que sa loi est de toujours avancer : « La république est un gouvernement de progrès incessants, ne devant ni piétiner sur place, ni surtout marcher à reculons. » — « Je pense que la république ne peut pas ne pas être un gouvernement de progrès. » — « La république sans la marche avant, régulière et continue, ne saurait vivre. Le progrès est la condition essentielle de son existence. » Qui proclame ces nouveaux dogmes ? C'est

M. Pajot à Saint-Amand, c'est M. Armez à Saint-Brieuc, c'est M. Viette à Montbéliard.

Les récuseriez-vous ? Vous ne récuserez pas M. Henri Brisson nous faisant voir dans une touchante image « l'État républicain qui se penche avec sollicitude sur le sein de la nation ». Vous ne récuserez pas M. Demôle, ancien garde des sceaux et vice-président actuel du Sénat, lorsqu'il s'exprime ainsi: « Sauvegarde du droit humain, instrument nécessaire de la justice sociale et du progrès, la république sortait triomphante d'une crise qui ne peut plus se renouveler. » Pourquoi la république serait-elle « la sauvegarde du droit humain »? Qu'est-ce que « le droit humain »? Y a-t-il un « droit humain »? Pourquoi la république serait-elle « l'instrument nécessaire de la justice sociale » et qu'est-ce que la « justice sociale » ? Pourquoi la crise dont la république est sortie triomphante ne peut-elle plus se renouveler? — Cinq barbarismes en trois lignes, comme on dit au collège pour les fautes de latin.

Mais c'est assez sur ce sujet. Que reste-t-il de toute cette dissertation? Trois ou quatre points, à savoir que Montesquieu s'est aventuré en affirmant si catégoriquement que la vertu, même ré-

duite où il la réduit, *est* le principe de la démocratie ; c'est *devrait être* qu'il faut lire, étant
donné surtout que, comme Rousseau, il ne vise
en cet endroit que le mode le plus grossier du
gouvernement populaire, que la démocratie directe. Incidemment, on peut demander si *la vertu*,
définie par lui « l'amour des lois », pourrait être,
sans de graves périls, absente de n'importe quel
gouvernement et si, indispensable dans le démocratique, elle n'est pas, en somme, nécessaire à
tous. Au demeurant, ce n'est là que la source de
l'erreur, que le nid du sophisme.

Le sophisme est parfait lorsque l'idée de Montesquieu s'est déformée successivement avec Rousseau, puis avec les conventionnels, puis avec les
littérateurs révolutionnaires, puis avec le parle-
mentarisme bourgeois, puis avec les *leaders* de
conférence ou d'estaminet, avec nos pères de 1791
et nos pères de 1848. Et c'est à peu près en ces
termes que ce sophisme pourrait être formulé :
« La démocratie (sans distinguer si c'est le peuple
ou le gouvernement du peuple) a toute sorte de
vertus que les autres gouvernements n'ont pas. »

Non, la forme démocratique n'a point par elle-
même de vertus, entendez de vertus morales ; elle

a, elle peut avoir des qualités politiques, comme les autres gouvernements, et non à l'exclusion des autres gouvernements.

Des qualités, des avantages, elle en a, de toute certitude. Elle a des caractères à elle, qui font qu'elle est plus susceptible de s'adapter aux conditions de la vie moderne, chez nous, dans cette France que l'histoire nous a faite. Mais nous disons : chez nous, en France, par une suite de circonstances particulières, et non pas en tout lieu, comme par l'action d'une loi cosmique.

Aller au delà serait tomber dans le sophisme, et quel intérêt d'aller au delà ?

Le problème est tout résolu, ou plutôt il n'y a pas de problème. La démocratie est une forme de gouvernement. La meilleure forme de gouvernement est celle qui convient le mieux à la nation qu'elle doit régir. La démocratie est la forme qui convient le mieux à la France du temps présent.

Il est indifférent qu'elle ait de toute éternité toutes les vertus. Elle a la vertu de convenir, en ce temps, à ce pays, d'être la forme *la plus organique* de la nation, et puisqu'elle a cette vertu réelle, elle n'a pas besoin qu'on lui en prête de merveilleuses qu'elle n'a pas.

CHAPITRE IV

LES DROITS DE L'HOMME

(a) 'QUE LA NOTION DU DROIT NATUREL EST UNE NOTION MÉTAPHYSIQUE

Le gouvernement démocratique ne veut pas se contenter de cette légitimité de fait, tirée des circonstances historiques, basée sur la vie nationale telle qu'elle apparaît à un moment donné. Il aspire, lui aussi, à une légitimité supérieure, et il en place les fondements dans l'idée que tous les hommes naissent avec des droits égaux, dont la somme constitue le Droit, le Souverain.

Tout ce qui, sur la terre, est pouvoir ou droit dérive de cette réunion, de cette collection, de cette somme des pouvoirs et des droits, est un attribut, une fonction, un membre du Souverain, comme le roi par la grâce de Dieu était un membre de Dieu. Les apôtres ont affirmé l'un dans le Symbole de Nicée et, par une « Déclaration solennelle », à deux ou trois reprises, la Révolution a affirmé l'autre. Car la Déclaration des droits (ou plutôt les Déclarations, celle de 1791 et celle de 1793) est le *Credo* de la Constituante et de la Convention dans l'excellence originelle de l'homme et la toute-puissance naturelle du Nombre.

Il semblait que, depuis lors, ce Credo eût perdu de son autorité ; que les coups répétés de l'exégèse l'eussent miné par quelque endroit ; que de pénétrantes analyses (1) en eussent montré l'inanité, et qu'il n'y eût qu'à le laisser sommeiller désormais inefficace et vain, sur les lèvres ou dans le cœur d'une poignée de fidèles arriérés.

Mais voici que, tout récemment, une grande Association politique (2) a relevé cette vieille bannière, accrochée parmi les reliques, dans le chœur de l'église jacobine : « Mon programme, nous a-t-elle dit, est celui qui est formulé dans la Déclaration des droits. »

Voici, en même temps, que de nouvelles apolo-

---

(1) Voyez, entre autres, Bentham. *Examen critique des Déclarations des Droits promulguées pendant la Révolution française* ; Courcelle-Seneuil. *Préparation à l'étude du droit*, p. 212; Th. Ferneuil, *les Principes de 1789 et la Science sociale*, p. 20, ss;

(2) L'Association nationale républicaine.

gies s'impriment, et qu'on recommence à parler de cette espèce de Dieu que serait le Droit (D majuscule) (1) et dont nos droits réels, définis et bornés, ne seraient que des émanations ou des parcelles. Nous avions tort d'avancer tout à l'heure que ce Droit abstrait, ce Dieu invisible, était formé de la réunion, de la collection des droits égaux de tous les hommes. Il leur est antérieur, dit-on, et ils lui sont subordonnés. Ce n'est pas lui qui est leur ensemble, leur tout, c'est eux qui sont démembrés de lui ; ce n'est pas lui qui est par eux, c'est eux qui ne sont que par lui et en lui.

De même qu'il est antérieur aux misérables droits dont nous vivons, il est, d'après ses pontifes, absolument indépendant de ces droits ; il serait, même s'ils n'étaient pas ; il serait, même s'il n'y avait pas d'hommes. Il ne s'appliquerait à rien, il resterait suspendu, non fixé, flottant dans l'air ; mais il serait, comme le souffle de Dieu, avant la création du monde, était, errant dans les espaces vides, et dès qu'apparaîtraient les hommes, ils viendraient boire à cette source,

____

(1) Ch. Béudant, *le Droit individuel et l'État.* Ce livre a paru, en 1891, à la librairie Rousseau.

communier à cet esprit, mordre à ce pain mystique la bouchée qui deviendra la loi de leurs sociétés.

On nous excusera d'être bref et de ne point remonter jusqu'aux causes premières, d'autant plus qu'il en est de nos droits et du droit (en maintenant le sens du mot dans les limites humaines) ainsi que de l'origine des gouvernements. Que ce soit Dieu qui les institue, nous ne voulons ni le soutenir ni le nier ; mais ce que nous savons bien, c'est que Dieu se cache, s'il agit, et que toute sorte de mains se montrent, qui appartiennent à toute sorte de pantins, et toute sorte de ficelles, qui ne sont pas divines. Les dépositions de rois, les changements de dynasties, les révolutions, les coups d'État, nous les voyons des yeux de la chair, nous en nommons les instruments, nous y touchons. Dieu, qui est peut-être derrière, comment le percevons-nous ? Par la conscience seulement.

Ainsi du Droit (avec une capitale). Nos droits réels, inscrits dans le Code, achetés par l'impôt et garantis par les gendarmes, nous les voyons, nous y touchons. Le Droit est peut-être derrière. Mais nous ne le percevons que par la conscience. De là

une locution courante et qui n'est pas très claire :
« La conscience du Droit. »

La preuve de l'existence et de la conscience du Droit à laquelle les croyants s'attachent le plus énergiquement est celle-ci, qu'ils empruntent à Rousseau. Un petit enfant battu par sa nourrice, sans qu'il l'eût mérité, se tut pendant quelques instants, puis tout à coup se révolta, fondit en larmes, se répandit en cris, donna les marques de la plus vive indignation. Jean-Jacques et ses disciples plus ou moins avoués, plus ou moins sincères, en induisent le Droit. Pour nous, cette preuve ne prouve qu'une chose : c'est que, là comme partout ailleurs, il y a confusion dans les termes et qu'il faut définir ce qu'on entend par le *Droit.*

Je suppose que l'enfant pleura parce que sa nourrice lui avait fait du mal — sensation purement physique — que, s'il parut réfléchir pendant quelques instants, c'est que la violence de la correction l'avait pu d'abord étourdir. Mais vous le voulez et je vous l'accorde : il y avait dans sa colère autre chose que de la douleur et l'expression de cette douleur : il n'y avait pas seulement une sensation physique ; il y avait un sentiment ou une ébauche de sentiment : le sentiment du juste et de l'injuste. Je vous l'accorde : ce petit enfant battu avait la conscience obscure du juste et de l'injuste : où prenez-vous qu'il ait eu la conscience, si obscure que vous l'imaginiez, du Droit ?

Dites-moi donc « le juste », nous pourrons nous entendre ; cela est net, catégorique ; cela signifie ce que cela signifie, rien au delà, ni à côté. Mais ne dites pas le « Droit », puisque vous-même reconnaissez à ce mot trois acceptions contradictoires, et que je lui en connais jusqu'à cinq.

J'ouvre le Dictionnaire de Littré et je trouve : *Droit* : 1° ce qui est droit, ce qui est fondé sur la rectitude du sens ou du cœur ; 2° ce qui est conforme à la loi, ce qui a rapport à la loi ; 3° faculté reconnue, naturelle ou légale, d'accomplir ou de ne pas accomplir un acte ; 4° ce qui donne une influence, une autorité morale ; 5° ensemble des règles qui régissent la conduite de l'homme en société, les rapports sociaux.

Lequel de ces cinq aspects du Droit, violé en sa personne, la conscience du petit enfant, fouetté par la méchante nourrice, lui révélait-elle avec tant d'à-propos ? Aucun, en tout cas, qui rappelle ce bloc enfariné que les docteurs de l'École nous présentent sous le nom fallacieux de Droit.

J'admets que nous ayons tous en nous et que le petit enfant de Rousseau eût en lui une certaine conception du juste, un certain idéal qui est comme le *criterium*, comme la mesure de la qualité de ce que nous faisons et de ce qu'on nous fait ; mais cette conception, c'est nous qui la forgeons ; cet idéal, c'est nous qui le créons : ils sont en nous et ne correspondent à rien qui soit hors et au-dessus de nous ; ils sont tout individuels et varient avec chacun de nous, selon les temps et les lieux ; si l'on s'efforçait de les réduire à un fonds commun, on serait étonné du peu qui resterait. Encore ce peu ne serait-il pas un fragment détaché du Tout, d'un Droit éternel, infini, immuable, qui résiderait dans l'abstrait et se percevrait par la conscience, qui ne serait soumis ni à la succession des siècles, ni à la différence des climats, qui, comme les statues sacrées de l'Inde brahmanique, aurait autant de faces qu'on lui accolerait d'épithètes, de qui découleraient à la fois le droit public et le droit privé, le droit civil et le droit criminel, le droit national et le droit international, qui ne connaîtrait que l'humanité, laquelle serait une en lui, et qui, enfin, embrasserait tout, concilierait tout, absorberait tout, mêlerait tout, souffrirait tout, permettrait tout, dans son imperturbable et superbe sérénité d'hypothèse.

(*b*) QUE LA DÉCLARATION DES DROITS CONTIENT DES GERMES D'ANARCHIE

Mais, observera-t-on sans doute, nous voilà entraînés bien loin de la Déclaration des Droits de l'Homme ; qu'on se rassure, nous en sommes tout près.

Car c'est dans les régions de l'abstrait que se combineraient, s'additionneraient, se totaliseraient les droits égaux de tous les hommes ; c'est dans les régions de l'abstrait qu'existeraient — s'il y pouvait exister quelque chose, — le pouvoir populaire en sa perfection, les droits de l'homme en leur plénitude.

Avec la Déclaration des droits, nous sommes dans le vide. C'est là que la Révolution française est allée la chercher. Nous ne nous pardonnerions pas de refaire après dix autres un nouvel examen de ce document. Tout ce qu'il était nécessaire de dire a été dit. On a remarqué que cette profession de principes d'un ton dogmatique et quasi religieux ne venait pas à sa place, en tête d'une simple loi constitutionnelle ; que si elle devait être quelque part, c'était à la fin et non au commencement, après et non avant le texte de cette loi ; bien plus, qu'elle supposait achevé et promulgué le code entier des lois, comme la synthèse suppose les analyses préalables, comme la préface suppose le livre. Autrement, la Déclaration, si éloquente qu'elle fût, demeurerait un inutile cliquetis de syllabes. *Sesquipedalia verba.* Qu'on veuille bien en relire le préambule (Déclaration de 1791) :

« Les représentants du peuple français constitués en Assemblée nationale, considérant que *l'ignorance, l'oubli ou le mépris des droits de l'homme sont les seules causes des malheurs publics et de la corruption des gouvernements*, ont résolu d'exposer, *dans une déclaration solennelle les droits naturels, inaliénables et sacrés de l'homme,* afin que cette déclaration, *constamment présente a tous les membres du corps social*, leur rappelle sans cesse leurs droits et leurs devoirs ; afin que les actes du pouvoir législatif et ceux du pouvoir exécutif, *pouvant être à cha-*

*que instant comparés avec le but de toute insti-
tution politique,* en soient plus respectés ; afin
que *les réclamations des citoyens,* fondées désormais sur des principes simples et incontestables,
*tournent toujours au maintien de la Constitu-
tion* et du bonheur de tous. »

Je m'abstiens de commentaires ; je me contente
de souligner. On dirait d'un extrait de Rousseau,
tant y éclatent le mépris de l'histoire et l'idolâ-
trie de la raison raisonnante, déraisonnante à
force de raisonner. Que pourrait-on ajouter d'ailleurs à ces observations de Bentham, mordantes
et parfois cruelles, mais au fond trop justifiées et
que la foi persistante de certains personnages politiques, leur admiration aveugle pour la Déclaration des droits, nous obligent à rappeler ?

« Si l'on considère ce manifeste sous le point de
vue logique, on y rencontre un continuel abus de
mots, des mots à sens multiples lorsqu'il faut
des mots à sens bien déterminés, les mêmes mots
employés dans divers sens à la même page, des mots
employés dans un sens impropre, des mots et des
propositions du sens le plus illimité, jetés au hasard
sans réserve, sans les exceptions qui auraient pu
les circonscrire dans le domaine du vrai, la même

inattention, la même inexactitude à formuler des axiomes d'où dépendent les destinées des nations, que s'il s'agissait d'un conte oriental ou d'une allégorie poétique ; des épigrammes usées à la place de distinctions nécessaires, des expressions figurées au lieu de termes précis, des naïvetés sentimentales au lieu d'enseignements sérieux, de frivoles ornements de rhétorique au lieu de la majestueuse simplicité du bon sens, et les actes du Sénat surchargés et défigurés par une friperie de théâtre...

« Des mots, et des mots vides de sens, ou d'un sens tellement faux qu'ils ne résistent pas à l'analyse, voilà la matière première de ce fameux manifeste. Attachez-vous à la lettre, vous n'y trouverez que des erreurs; voyez au delà de la lettre, vous n'y trouverez rien. »

On comprendra que nous nous dispensions de passer, suivant l'expression parlementaire, à la discussion des articles. Nous avons nos motifs pour nous y refuser. D'abord, nous ne poursuivons d'une haine rétrospective ni la Déclaration des droits de l'homme ni ses auteurs; nous ne nous occupons d'elle et ne nous en soucions qu'en ce qu'elle a conservé de vivant, d'agissant encore aujourd'hui, et de vivant, à notre avis, d'une vie dévoyée, d'agissant d'une action funeste. Ensuite, nous aurons l'occasion d'y revenir quand nous rencontrerons la formule, sortie de la Déclaration des droits, qu'on a un peu emphatiquement appelée les *Immortels Principes* : — les Immortels principes, la Liberté, l'Égalité et la Fraternité, ce chandelier à trois branches du saint des saints républicain.

Et puis, une fois de plus, cet examen a été fait souvent et si bien fait que les panégyristes de la Révolution ont senti le coup et qu'ils ont essayé de le détourner ou de l'amortir. Il y en a parmi eux qui aux « mots de six pieds » de l'acte critiqué n'ont trouvé à ajouter que d'autres « mots de six pieds ». Il y en a un qui a écrit : « Pourquoi une pareille affirmation se retrouve-t-elle en tête de toutes les constitutions que la Révolution a élaborées ? Parce qu'une grande idée venait de naître, l'idée du droit de l'homme sur lui-même. Cette idée est inhérente à la nature de l'homme (1) et forme le principe et le *substratum* de tous les progrès de la race humaine. »

(1) Mais, si l'idée est *inhérente à la nature de l'homme*, comment n'est-elle née qu'en 1793 ?

C'est confesser que toutes les constitutions révolutionnaires reposaient sur un fondement métaphysique (ce qui peut-être explique leur caducité) Du reste, dès 1840, le propre traducteur de Bentham, épouvanté du sacrilège dont il allait se rendre complice, prenait ses précautions et plaidait ainsi, à l'avance, les circonstances atténuantes :

« Ce n'est pas dans des mots isolés qu'il faut aller interroger la pensée de 1791, c'est à l'ensemble qu'il faut demander une signification ; ce n'est pas même à la logique des temps ordinaires qu'appartient une pareille analyse, c'est à la logique exceptionnelle du monde des révolutions.

« La Déclaration des droits, pour être bien appréciée, ne peut se séparer de l'époque où elle fut proclamée. Il faut l'accepter moins comme une œuvre d'avenir que comme un défi jeté au passé ; moins comme une constitution que comme une protestation ; moins comme un monument législatif que comme un cri de guerre. »

A la bonne heure ! La Déclaration des droits est ici ramenée à son véritable caractère, à ses véritables proportions. Il est possible qu'elle fût de son temps ; elle n'est certainement plus du nôtre, qui est un temps « ordinaire ». Il est possible qu'elle eût sa valeur, son utilité comme « défi jeté au passé », comme « protestation », comme « cri de guerre ». A condition qu'on n'aille pas plus loin, nous l'acceptons, nous la rangeons dans le musée des curiosités historiques, galerie de la Révolution. C'est bien là sa place, en effet : elle n'est et n'a jamais été qu'un instrument révolutionnaire. A la vouloir tenir pour autre chose, on se tromperait. Ce n'est pointun manuel civique : c'est le catéchisme de la rébellion.

On nous crie : « Prouvez-le ». Je le prouve. L'article 2 de la Déclaration de 1791 énumère quatre « droits naturels et imprescriptibles de l'homme », à savoir : la liberté, la propriété, la sûreté et la résistance à l'oppression. Retenez ce dernier terme et passons à la Déclaration de 1793. Que dit-elle ? Elle est formelle, en son article 35 : Lorsque le gouvernement porte atteinte à ces « droits naturels et imprescriptibles de l'homme », alors intervient un droit plus naturel et plus imprescriptible encore : « L'insurrection est pour le peuple et pour chaque portion du peuple le plus sacré des droits et le plus indispensable des devoirs. »

On le voit, ce n'est pas seulement le peuple,

considéré dans son ensemble, c'est chaque portion
du peuple, à qui la Déclaration de 1793 reconnaît
le droit et impose le devoir de s'insurger, dès
qu'on touche à l'une ou l'autre des figures de l'arche. Bentham a-t-il eu tort de qualifier de « sophisme anarchique » cette déclaration dictée par
un bon sentiment, mais où le bon sentiment lui-
même se noie dans la phraséologie ?

Oh ! l'absurde et terrible puissance des mots !

« Dans un roman ou une comédie, un mot impropre n'est qu'un mot, et cette impropriété n'en-
traîne aucune conséquence. Dans un corps de
lois, surtout de lois constitutionnelles et fonda-
mentales, un mot impropre peut devenir une ca-
lamité nationale, et avoir pour conséquence la
guerre civile. D'un seul malentendu peuvent surgir des milliers de poignards (1). »

« L'insurrection est le plus indispensable des
devoirs » lorsque le gouvernement porte atteinte
aux quatre ou cinq « droits naturels et imprescriptibles de l'homme » ! Mais qui sera juge, qui
décidera s'il y a une atteinte portée à ces droits ?
Si, du moins, il fallait l'unanimité ou même la
majorité du peuple, la paix publique conserverait

(1) Bentham, *op. cit.*

un semblant de garantie. Pas du tout. Le texte dit : « Le peuple ou chaque portion du peuple. » Chaque portion du peuple, c'est-à-dire vous, moi, chacun de nous, qui sommes la plus petite portion du peuple, c'est-à dire les comités, les associations, les corps de métier, c'est-à-dire qui l'on veut, ce que l'on veut.

Et pour chacun de nous, qu'est-ce qui décidera? Notre conscience. Et par rapport à quoi décidera-t-elle? Par rapport au Droit idéal, au Droit abstrait. Mais une abstraction est une opération de l'esprit, et chaque esprit opère ses abstractions à sa guise : il pourra donc y avoir autant de conceptions du Droit qu'il y aura de consciences, de juges ? Il pourra donc toujours y avoir quelqu'un qui se croie lésé et pour qui l'insurrection devienne le plus indispensable des devoirs? Je ne demande pas mieux que d'avoir et de consentir à autrui, contre les erreurs fatales de la loi positive, un appel, un recours au Droit. Mais fixez-le, définissez-le, et, puisque c'est un droit, codifiez-le.

Aussi longtemps qu'il ne sera ni fixé, ni défini, ni codifié, nous en repousserons la revendication comme un péril, comme une cause permanente de

conflits, comme le plus « anarchique » des sophismes. Par exemple, la Déclaration professe
que tous les hommes naissent égaux en droits.
(Tous les hommes: l'homme concret).

Elle professe, en outre, que la propriété est un
des droits primordiaux, naturels et imprescriptibles de l'homme. (L'homme abstrait, l'humanité : j'ai vu des hommes, a dit Joseph de Maistre ; l'homme, je ne l'ai rencontré nulle part.)
De la combinaison de ces deux axiomes il résulte que tous les hommes doivent être propriétaires d'une égale propriété. Mais on ne
peut contester que souvent il n'en est pas ainsi ;
que, pour être plus exact, il n'en est jamais ainsi.

Dès lors, que reste-t-il à ceux qui sont lésés dans
un de leurs droits naturels et imprescriptibles ? Il
leur reste « le plus indispensable des devoirs »,
l'insurrection. Et, parce que le fait est en désaccord avec la doctrine de la Révolution, voilà
le droit naturel en lutte ouverte avec le droit positif ; « l'homme » en révolte contre les hommes ;
« l'humanité » tâchant à démolir et à refaire la
société. Ce n'est sans doute pas ce que la Déclaration des droits s'est proposé ; c'est pourtant à
quoi elle arrive. Et il est permis de le demander,

de mettre le préambule en contradiction flagrante avec le texte, comment les réclamations des citoyens « fondées sur ces principes simples et incontestables » tourneraient-elles « au maintien de la Constitution et du bonheur de tous » ?

La vérité, c'est qu'il n'est pas de gouvernement, pas d'organisation sociale qui puisse s'accommoder d'une pareille Déclaration, c'est qu'elle enlève à tout ordre public, à tout droit positif, au nom d'une abstraction, le Droit, au profit d'une autre abstraction, l'Homme, toute certitude, toute chance de stabilité.

Nous avons pris un seul exemple, mais on en pouvait prendre d'autres : il y en a autant qu'il y a d'articles. Ce que nous avons fait pour la propriété, on pouvait le faire pour la liberté, l'égalité, la souveraineté du peuple. On aurait trouvé sûrement le fait de tous points contraire au prétendu droit, la théorie partout démentie par l'histoire.

La liberté, mais pendant des siècles on a vu des hommes aliéner volontairement ce droit inaliénable de l'homme, et l'on a vu jusqu'à nos jours des hommes confisquer et annuler en fait ce droit imprescriptible de l'homme. L'égalité, qu'on nous la montre en quelque coin de la terre ! Quant à la souveraineté, que répondrait-on à cette question indiscrète ? La souveraineté du peuple a son expression dans le suffrage. Mais les femmes ne votent pas ; les mineurs ne votent pas ; les indignes ne votent pas ; les pauvres, avant 1848, ne votaient pas. Comment serait-ce un droit naturel, celui qu'on n'acquiert qu'à vingt et un ans, dont plus de la moitié de l'humanité est privée, ce droit que confère et supprime la loi positive ?

J'ai pris la propriété pour exemple ; qu'on étudie sa formation là où il est possible de le faire, on verra qu'elle n'a pas d'origines célestes, pas de fondement abstrait, qu'elle est un fait humain, d'où peu à peu il sort un droit humain. De même pour la liberté et la souveraineté populaire. Ce ne sont pas des droits naturels et imprescriptibles de l'homme ; ce sont des états sociaux, des degrés de civilisation, comme l'esclavage, le servage, la féodalité. La liberté est le plus haut degré, et l'esclavage, le plus bas. Mais autrefois l'esclavage, étant le fait, était devenu le droit, comme à présent la liberté, étant le fait, est le droit.

Le progrès consiste précisément à passer d'un état moins bon à un état meilleur et, par suite, d'un droit moins satisfaisant à un droit plus rationnel. Mais, pour 'quiconque y regarde froidement, il n'y a pas de Droit supérieur et antérieur au fait ; il n'y a rien dans le droit (j'envisage surtout la politique) qui ne soit auparavant dans le fait. Ou si ce Droit existe, s'il n'est pas une fiction, une fantasmagorie, une chimère, il est dans l'inconnu et dans l'inconnaissable : il ne s'enseigne pas, il se révèle : nous ne nous approchons de lui que par l'aspiration, comme nous ne nous approchons de Dieu que par la prière.

J'entends parfaitement que je blasphème, au jugement des pharisiens, et qu'il y a de quoi être chassé du temple, rejeté parmi les maudits, dans la tourbe des gens incapables de « pensées généreuses ». Mais, en politique, les « pensées généreuses » viennent après les pensées justes. On ne bâtit, on ne gouverne que dans le réel ; le facteur essentiel, que dis-je ? la matière et l'agent, le moyen et la fin de la politique, c'est la vie. D'autres allèguent que douter du Droit naturel et des droits imprescriptibles de l'homme et du citoyen, ou vouloir les limiter, ou ne les admettre que sous réserve, ou ne s'en inspirer que prudemment, c'est se souiller d'un crime de lèse-patrie : « La France ne serait plus elle-même, gémissent-ils, si elle venait à cesser de représenter le droit. » Une dernière fois, quel droit ?

Faut-il être troublé par cet anathème ? Au fond, c'est un sophisme d'une espèce décrite et dénommée — *ad verecundiam* — « un argument dans le mode chinois », tiré de la sagesse, de l'infaillibilité de nos ancêtres. Nos ancêtres, nous les honorons au point de regarder leurs erreurs mêmes comme vénérables. Mais pourquoi n'en pas convenir ? La Déclaration des droits est une de ces erreurs.

« Défi au passé, protestation, cri de guerre », si l'on veut, mais programme de gouvernement, non pas ; elle contient une proposition destructive de tout gouvernement.

En 1791, à la Constituante, elle nous étonne, mais elle passe. En 1891, à l'Association républicaine, nous l'arrêtons, car on l'a élevée à la deuxième puissance, et elle n'est plus seulement une erreur, mais un sophisme.

CHAPITRE V

Les immortels principes se composent de trois mots : Liberté, Égalité, Fraternité. Trois mots qui, depuis cent ans, et surtout depuis vingt ans, tiennent lieu d'un millier d'idées. Il s'agit de voir ce qu'il y a dedans.

C'est la Révolution qui nous les a légués. Ils sont le principal motif de l'architecture républicaine. Nous les avons trouvés si magnifiques et si solides que nous les inscrivons au fronton de tous nos édifices et que nous les donnons comme fondement à toutes nos constitutions. Peut-être les forçons-nous un peu, les plaçons-nous à tort et à travers. Ils peuvent contenir à la fois une part de vrai, une part de faux. On ne refuse ni de les accepter ni de s'en servir, mais sous bénéfice d'inventaire.

La politique ne saurait être plus exigeante que

la religion. *Rationabile sit obsequium vestrum.*
L'obéissance raisonnable, à merveille. La foi
aveugle dans un dogme, quel qu'il soit, non pas ;
les dogmes s'en vont, le temps en est passé.

C'est au nom de la liberté qu'on va essayer de
chercher ce qu'est réellement la liberté. Beaucoup
de livres, presque tous éloquents, ont été publiés
là-dessus. On considérera ici, d'un point de vue
spécial, les immortels principes, en commençant
par l'un d'entre eux : la liberté. Mais, comme ils
sont un héritage que nous avons reçu de la Révolution et ne sont guère que cela, la question est
d'abord historique.Comment la Révolution a-t-elle
compris la liberté ?

D'après la Déclaration de 1791, la liberté est
le premier ; d'après celle de 1793, c'est le deuxième des « droits naturels et imprescriptibles de
l'homme ». Condorcet dit encore « droits naturels », mais il ajoute « civils et politiques ». La
Déclaration des droits et des devoirs, de 1795, ne
dit plus que « droits de l'homme en société ».
Ainsi, sur la nature même de la liberté, la Révolution hésite, sa doctrine n'est pas fixée. L'interprétation est permise aux plus orthodoxes.

Les textes s'accordent à peu près pour définir

la liberté « le pouvoir de faire tout ce qui ne nuit pas à autrui ». Il n'y a, de l'un à l'autre, que des variantes de rédaction. De même, ils sont d'accord dans l'énumération qu'ils donnent des principales applications de la liberté : liberté de la pensée, de la presse, de la parole, liberté de réunion, liberté religieuse, liberté du travail, liberté de la propriété.

Inutile d'insister longuement. On peut déjà discerner ce qui est vrai de ce qui est faux, à notre sens :

1° Il est vrai que la liberté de penser, d'écrire, de parler, la liberté d'aller et de venir, de s'assembler, la liberté de croire ou de ne pas croire, la liberté de travailler, de posséder, de disposer de soi et de sa chose, sont des libertés nécessaires et primordiales. Il est vrai que ces libertés sont des droits de l'homme, ou plutôt des hommes.

Mais :

2° Il n'est pas vrai que la liberté soit un droit naturel, un droit imprescriptible. Ce n'est ni un droit naturel, ni un fait naturel. Quand la Révolution dit : « Les hommes naissent libres, » elle dit une absurdité. La liberté théorique qu'elle proclame n'est point d'ordre naturel, les libertés positives qu'elle énumère sont d'ordre civil, d'ordre social. La Révolution en fournit la preuve la plus évidente, puisqu'elle a eu pour but de conquérir cette liberté qu'on n'avait pas, ce droit naturel qui n'était pas dans le berceau à la naissance, ce droit imprescriptible qui était bel et bien prescrit.

3° Enfin, la définition de la liberté, telle qu'elle résulte des Déclarations de 1791 et de 1793, est incomplète et inexacte. Les commentaires qui l'accompagnent le démontrent clairement : «L'exercice des droits naturels de chaque homme n'a de bornes que celles qui assurent aux autres membres de la société la jouissance de ces mêmes droits. — Et l'État, et le gouvernement, où est-il? Il n'a donc pas de droits ? Il ne limite donc pas la liberté de l'homme ou des hommes ? Par rapport à un citoyen, il se confond donc avec cette vague entité qu'on nomme « les mêmes droits des autres membres de la société »?

Ainsi, la Révolution peut avoir, bien ou mal, résolu, dans l'ordre civil, le problème de la liberté; dans l'ordre politique, elle l'a à peine posé. Elle ne l'a guère posé que négativement, à propos de l'oppression, et en termes très généraux. Elle a dressé — et c'est sa gloire — l'*Habeas corpus*, plus encore, l'*Habeas animam* de l'individu en face des individus. Mais le grand conflit futur, le grand conflit actuel de la liberté et de l'autorité, des droits de l'Individu et des droits de l'État, elle ne l'a ni prévu, ni même entrevu. Il n'y a pas à lui en faire un crime.

La Révolution a dit que la liberté est un droit naturel et imprescriptible : c'est une erreur ; elle a dit que ce droit de l'homme n'avait de bornes que dans les droits égaux des autres hommes : c'est encore une erreur.

Elle n'a pas dit que la liberté est un principe, que sur ce principe peut reposer un gouvernement, qu'une certaine forme de gouvernement sera toujours et quand même libérale, les autres formes fatalement illibérales. Autant d'aphorismes, autant de sophismes qui sont éminemment de notre temps et qui, se faisant jour dans la pratique législative, ont les plus fâcheuses conséquences.

(a) LA LIBERTÉ, DROIT NATUREL ET IMPRESCRIPTIBLE DE L'HOMME

Il ne sera pas superflu de le répéter et de l'établir : c'est une erreur de prétendre que la liberté est un droit naturel. C'est, tout au moins, une imprudence, car nous ne sommes pas sûrs qu'il y ait des droits naturels et nous n'avons aucun moyen de parvenir à cette certitude qui nous manque.

Y en eût-il, que, quant aux effets et dans le domaine de la politique, ils demeureraient lettre morte, jusqu'à ce qu'une bonne loi, bien faite et bien exécutée, eût donné corps à leur flottante brume d'abstractions et de chimères. On aura beau citer des traits à faire tressaillir les belles âmes : il ne sert de rien à l'esprit d'être indépendant, lorsque la chair est prisonnière. Admirez à loisir la fermeté de ce martyr qui se sentait libre en ses fers, à la seule pensée qu'il pensait librement. J'estime, pour moi, que briser le moindre anneau de sa chaîne eût fait beaucoup mieux son affaire. En pareil cas, ne jugeriez-vous point la consolation un peu mince et la fiction un peu forte, d'avoir pour vous le droit naturel contre le fait brutal qui vous écraserait ?

Le raisonnement des docteurs révolutionnaires ressemble à s'y méprendre au raisonnement du martyr. Il ne servait de rien au paysan que la liberté fût un droit naturel, puisque ce droit restait dans les nuages, et ne l'empêchait pas d'être tail-

lable et corvéable à merci. Le jour où la liberté
commença à valoir quelque chose à ses yeux et à
lui être utile d'une manière appréciable, c'est le
jour où, n'importe d'où elle vint, elle tomba et
s'installa dans le code.

Qui voudrait nier que ce fut un fait qui l'y in-
troduisit ? Ce ne sont pas, ou l'on ne comprend
plus, les mystiques amants de la Révolution,
puisque, aussi bien, voici le dilemme :

Ou l'on avait la liberté à l'état de droit naturel
dans une mesure suffisante, et la Révolution n'a
plus ni causes, ni objet ; ou la Révolution a eu
son objet et ses causes, et c'est, alors, que, à l'é-
tat de droit naturel, la liberté n'existait ou ne suf-
fisait pas. Si, contre le fait brutal de l'asservissement, on éprouvait le besoin de recourir au fait
brutal de la révolte, c'est, alors, que le droit imprescriptible était prescrit.

Phraséologie ridicule que celle qui parle, après
cela, d'un droit naturel et imprescriptible. Qu'elle
concilie l'existence de ce droit avec la légitimité
et la nécessité de la Révolution. Cette dernière
épithète — l'épithète d'imprescriptible — s'applique-t-elle au droit dans le passé, la Révolution,
se contredisant elle-même, la raye de son doigt

sanglant. S'applique-t-elle au droit dans l'avenir, la précaution a justement la même valeur que celle qui est devenue familière à tous les régimes, de décréter leur propre éternité dans leurs propres constitutions.

Le gouvernement est éternel suivant la Charte, mais une insurrection le renverse. Le droit est imprescriptible sur le papier, mais le fait le prescrit. Il en était de la sorte hier, il en sera de la sorte demain. Il en est de la sorte aujourd'hui.

Il n'y a rien de changé, qu'un mot de plus dans le préambule de nos lois, c'est-à-dire qu'une menace et un danger de plus.

A la faveur de ce mot « imprescriptible » et de l'illusion qu'il nous crée, le chemin s'aplanit pour que la servitude revienne sous une nouvelle forme, sous une forme pire que l'ancienne. « Imprescriptible » nous entretient en une sécurité épaisse et une incurable insouciance. Tant que le dictateur ou l'empereur, tant que le despote n'est pas là, botté et le fouet à la main, nous nous reposons béatement dans notre droit imprescriptible. La liberté est le manteau, dont se couvrent, à présent, nos maîtres. C'est entendu. Elle est imprescriptible. On agite devant nous cette loque, on sonne devant nous ce grelot, on recouvre les dés de ce gobelet, et l'on nous joue, et l'on nous gagne. C'est grâce à l'adjectif « imprescriptible », accolé au mot droit et au mot liberté, qu'un sophisme politique de ce temps se greffe et pousse sur une erreur logique de la Constituante et de la Convention.

(b) LA LIBERTÉ D'UN HOMME N'A DE BORNES QUE DANS LA LIBERTÉ D'AUTRUI

La Révolution avait dit : « La liberté a pour principe la nature. » (Qu'est-ce, pour le remarquer en passant, que ce principe qui a un principe?) Elle a « pour règle la justice ». On le concède volontiers, mais un peu de précision serait le bienvenu. « Elle a pour sauvegarde la loi. » Pour sauvegarde seulement? « Sa limite morale... » — Pardon, mais tout à l'heure on traitait d'un droit positif. « Sa limite morale est dans cette maxime : *Ne fais pas à un autre ce que tu ne veux pas qu'il te soit fait.* » Je me serais imaginé que dans cette maxime était la limite morale de la justice, mais je ne vois pas très nettement en quoi elle concerne la liberté, à moins

que par ricochet, si, comme le porte la Déclaration de 1793, la liberté a pour règle la justice:
Reprenons, du reste, et commentons de plus près
ce verset qui plonge dans une prophétique extase
les fervents dévots des Droits de l'homme.

« La liberté a pour principe la nature ». D'accord, mais la nature humaine est double, ainsi
que l'enseignent Voltaire, Jean-Jacques, les En-
cyclopédistes. Celle de nos deux natures qui est
le principe de la liberté, est-ce notre nature physique ou notre nature morale? C'est notre nature
physique, puisque les « hommes *naissent* libres »
et que, suivant Sieyès, la première de nos libertés est la liberté de nous mouvoir. Mais non;
c'est notre nature morale, puisque, selon Condorcet, la première des libertés est la liberté de
penser.

De là, dans la suite, deux écoles, qui veulent
toutes les deux fonder la liberté sur la nature,
mais qui se trouvent assez embarrassées. Il y a
l'école physiologique de la liberté naturelle et
l'école psychologique. Il y a, enfin, une troisième
école qui réunit et fond ensemble les deux doctrines.

L'école physiologique part du règne minéral

pour s'élever jusqu'à nous. Elle prêche que le caillou est libre, la plante plus libre, l'animal presque libre, l'homme souverainement libre. C'est possible, mais pour le caillou, la plante et l'animal, elle n'en sait rien, et pour l'homme les faits prouvent tout le contraire.

L'école psychologique place le fondement de la liberté « dans la conscience de la personnalité et de la responsabilité », dans ce que « la liberté est le plus cher désir de l'homme ». Désir, soit ; mais que prouve le désir? Ce qu'on désire le plus, n'est-ce point ce qu'on n'a pas? Ne raffinons pas tant, on nous accuserait d'abstraire de la quintessence. On nous donnerait peut-être raison dans la discussion de la lettre, mais d'un seul coup, avec l'esprit, on nous clouerait à la muraille, sans même vouloir convenir qu'on use d'un procédé de théologien et de la meilleure foi du monde, en invoquant la liberté.

Nettement, catégoriquement, ce sont deux thèses qui se valent. Qu'on tienne pour la liberté physique ou pour la liberté morale, on se trompe dans l'un et l'autre cas.

Les hommes naissent libres! Non, jamais, ni physiquement, ni moralement. Il faudrait, pour qu'ils naissent libres, faire le vide autour d'eux, au ciel et sur la terre, les enfermer, chacun à part, sous une cloche de cristal. Il faudrait qu'ils naquissent seuls : qu'ils n'eussent ni père ni mère ; qu'ils fussent, plus que conçus sans péché, élevés sans peine. Il faudrait qu'il n'y ait eu rien ni personne avant eux et qu'il ne dût y avoir après eux rien ni personne ; qu'ils pussent être, en dehors de la famille, de la race et de l'espèce, affranchis de toute parenté et de toute descendance, à l'abri de tout contact. Même isolés ainsi dans une cage de verre, ils ne seraient pas encore libres, ils seraient dans l'étroite dépendance de l'infirmité et de la fragilité de leur être. Il faudrait changer en diamant leur pauvre chair périssable et leur pauvre sang corruptible en une limpide solution d'or.

Ce que la nature humaine crie bien plutôt que la liberté, c'est la misère et l'assujettissement de l'homme. Je vois en elle, plutôt qu'un fondement de liberté, des barrières à la liberté. Elle est la paroi circulaire et toute proche où nous nous heurtons, notre mouvante et vivante prison. La famille est la seconde clôture, le village la troisième, la nation la quatrième, et il y a pour nous autant d'étreintes et de contraintes dans le temps qu'il y en a dans l'espace. Il y a l'hérédité, la tradition, les croyances, les préjugés, l'éducation, les mœurs. Il y a les lois, car il en est de la société comme de la nature : elle est moins la sauvegarde que la limite de la liberté.

Justement, interrompra-t-on, voilà où intervient, contre la liberté de l'homme, la liberté égale des autres hommes. Cette liberté des autres, les lois n'en sont que la garantie. Quand cela serait, est-ce tout ? C'est tout, si l'on ne vise que la liberté civile; ce n'est pas tout, si l'on songe à la liberté politique. Ce serait tout dans l'anarchie; c'est peu dès qu'apparaît l'État organisé.

Bentham a très finement écrit (je m'excuse de citer encore ce critique inexorable, mais d'une si rare pénétration) : « Ce que ces gouverneurs du genre humain ne paraissent pas savoir, c'est que tous les droits sont établis aux dépens de la liberté, ainsi que toutes les lois par lesquelles des droits sont créés ou confirmés. » L'observation, en elle-même, est excellente et serait de tout point irréprochable, si, aux droits et aux lois, Bentham eût ajouté les États, les gouvernements.

Oui certes, tous les États, tous les gouvernements sont établis aux dépens de la liberté, ce qui ne signifie pas contre la liberté, mais à côté de la liberté, et à même la liberté. Nous n'avons pas le loisir de discuter si la portion que l'individu aliène de sa liberté personnelle, il ne la retrouve pas, au delà de sa mise, dans la protection légale. C'est un calcul étranger au sujet ; fort peu de mathématiciens seraient de taille à le mener à bien.

Je ne sais trop si je n'ai pas dit : l'Individu contre l'Etat. Je ne voulais dire que : l'Individu vis-à-vis et à côté de l'État, que : l'Individu dans l'État — l'individu dans nos sociétés modernes, ne pouvant être, bon gré, mal gré, que dans l'État, étant l'un des termes du rapport dont le gouvernement est l'autre. Je voulais dire que, de quelque côté qu'on se tourne, soutenir que la liberté de l'homme est illimitée est parfaitement et pleinement un sophisme. Soutenir que la liberté d'un homme n'a de bornes que dans la liberté égale des autres hommes est un demi-sophisme. Ce n'est vrai — et d'une vérité relative — que de « la liberté, au point de vue social ».

La liberté de l'homme, au point de vue social, a

sa limite dans la liberté d'autrui ; au point de vue physique, dans la nature de l'homme et la nature des choses ; au point de vue civil, dans les lois ; au point de vue politique, dans l'État.

Illimitée, la liberté de l'homme ! Sophisme de pure flatterie de la part de ceux qui l'énoncent, de pure vanité de la part de ceux qui l'acceptent, le plus périlleux de tous quand le gouvernement est démocratique. Bentham dirait qu'il est diabolique, que c'est le sophisme de Satan, *ad superbiam*. Il n'en est pas qui puisse, en ce temps, nous jouer de plus mauvais tours.

(c) LA LIBERTÉ FONDEMENT DE L'ÉTAT

Mais c'est aussi un sophisme de notre temps que de vouloir donner la liberté pour base à un gouvernement. Jolie subtilité, ingénieux artifice de rhéteur que cette phrase de Bluntschli : « La plus haute liberté humaine, c'est celle de l'homme d'État, qui dispose des forces d'une nation puissante et virile pour organiser le monde. » La prétendue liberté de l'homme d'État, c'est le pouvoir, c'est l'autorité, ce n'est ni plus ni moins que la limite à la liberté. Combien cette autre proposition ne serait-elle pas plus exacte : « Tous les gouvernements sont établis aux dépens de la liberté » !

On ne s'attardera pas à demander par quel second et plus extraordinaire mystère de l'incarnation un gouvernement, qui est un corps matériel très compliqué et très pesant, peut sortir — *prolem sine matre creatam* — d'un principe qui est impondérable, simple et immatériel, qui est un souffle, qui n'est que vent. Trop de curiosité nous rejetterait dans la métaphysique. Il vaut mieux s'en tenir à l'histoire.

Où, dans l'histoire, a-t-on vu un gouvernement qui n'ait été fondé, qui ne se soit développé aux dépens de la liberté individuelle ? Où, dans l'histoire, voit-on une liberté conquise qui ne l'ait été sur les gouvernements ? Et nécessairement il en devait être ainsi, parce que, entre l'idée de gouvernement et l'idée de liberté, il existe une antinomie, qui n'est peut-être pas irréductible, mais dont l'atténuation est tout l'art et tout le but de la politique.

Ce que l'homme politique doit se proposer de faire, ce n'est pas de fonder un gouvernement dit

« très fort » ou un gouvernement qualifié de
« très libéral ». Il doit répudier tout principe
exclusif et impératif, principe de liberté à outrance ou d'autorité à outrance, ne se point épuiser
à la recherche de l'absolu. S'il veut aller jusqu'à
la fin de l'autorité, il aboutit au despotisme ;
jusqu'à la fin de la liberté, il aboutit à l'anarchie ;
deux excès, deux maladies : hypertrophie ou atro-
phie de l'État.

L'homme politique doit s'efforcer de trouver la
mesure juste dans laquelle, étant données les
circonstances, les conditions de l'époque et du
milieu, peuvent se combiner l'autorité indispensable au gouvernement et les libertes utiles à l'individu. Mais ces conditions, ce n'est pas lui qui les
crée : il les subit ; cette mesure, ce n'est pas lui
qui la fixe : il ne fait que la reconnaître. La seule
direction qu'il doive suivre, c'est la vie qui la lui
fournit : contre la vie, il n'y a pas de principes.
La seule maxime universelle sur laquelle il puisse
se régler, c'est que rien ne saurait éclore et se
développer qui ne soit contenu en germe dans ce
qui est.

J'en reviens au paradoxe de Bluntschli : « La
plus haute liberté humaine est celle de l'homme

d'État. » En vérité, est-ce que l'homme d'État est libre ? L'État lui-même, par hasard, est-il libre ? Maintenant qu'on ne répugne pas trop à le regarder comme une personne, osera-t-on dire que, seul de toutes les personnes, il est absolument libre ?

Libre ! Et hier qui le pousse ! Libre ! Et demain, qu'il porte en lui ! Et un passé de quinze siècles, et tout le travail de tant de générations ! Et, pour l'État comme pour l'individu, les lois, les mœurs, la tradition, le pays, la race ! Et l'opinion, les conventions, les superstitions ! L'État, non plus que l'individu, n'est en possession de la liberté illimitée, par ce motif que, lui non plus, il ne se meut pas dans le vide, qu'il y a pour lui une pesanteur, une attraction, une gravitation sociale.

Vainement vous aurez dit à l'homme : « Tu es libre de faire tout ce qui ne nuit pas à autrui. » Il y a des actes qui ne nuisent pas à autrui, et que le code ou la coutume nous interdit ; il y a des actes qui nuisent à autrui, et que la vie nous commande. Pour ne prendre que cet exemple, qu'est-ce que la concurrence industrielle ? N'est-ce pas en nuisant aux autres qu'on y triomphe et qu'on s'y enrichit : Or, c'est précisément dans cette concurrence, dans cette bataille des intérêts, que la liberté éclate et s'affirme.

Ainsi de l'État. Vainement vous direz à l'État : « Tu es libre de faire tout ce qui ne nuit pas aux individus. » Il y a des actes qui ne nuisent pas à l'individu, et que l'État s'interdit ou dont il s'abstient ; des actes qui nuisent à l'individu, et que l'État tolère ou se permet.

Quelle conclusion en tirer ? Celle-ci : Que l'on considère soit l'individu, soit l'État, soit les relations mutuelles de l'individu et de l'État, la liberté sans bornes est une chimère. L'homme et l'État sont libres, comme le serait un cheval au piquet, libre de décrire au pas, au trot ou au galop, le même cercle.

De liberté, il n'en est point : entendez de cette liberté, liberté chérie, qu'on chantait autrefois avec des trémolos et des larmes dans la voix. Sans doute, l'exercice de tels ou tels droits, l'accomplissement de telles ou telles fonctions, aller où il nous plaît, voir qui il nous plaît, faire le métier qu'il nous plaît, nous loger, nous vêtir et nous nourrir comme il nous plaît, sont des libertés essentielles, et l'État qui nous en priverait, serait oppressif et tyrannique. Mais l'État ne se fonde pas sur ces libertés essentielles ; elles le limitent ; elles sont une sphère voisine, soustraite peu à peu à son influence ; elles sont souvent démembrées de lui, comme de petites étoiles détachées d'un astre plus grand.

Qu'elles soient le fondement de l'État, on ne peut le dire qu'en un sens. Dans les conditions présentes de l'Europe, l'État ne pourrait les supprimer sans voir son existence continuellement menacée.

Tout gouvernement, en se constituant, et puis en s'exerçant, laisse à l'individu une part de liberté plus ou moins forte. Cette part est déterminée, pour l'État, par les besoins de la vie individuelle ; pour les individus, par les nécessités de la vie nationale. La liberté est le rapport de ces besoins à ces nécessités.

Le gouvernement est libéral, dès lors qu'il ne pousse pas, qu'il n'empiète pas au delà. Quant à ce que serait un gouvernement ayant pour fondement, pour principe, pour objet, l'entière liberté de l'individu, on ne saurait se le figurer, puisque là où cette liberté illimitée prévaudrait en sa plénitude, là il n'y aurait plus de gouvernement.

(*d*) TELLE FORME DE GOUVERNEMENT LIBÉRALE, TELLE AUTRE ILLIBÉRALE

Par voie de conséquence, c'est un sophisme d'avancer que telle forme de gouvernement est toujours et quand même libérale, telle autre forme fatalement illibérale. C'est un sophisme, dans la bouche des monarchistes, de dire aux républicains : « Vous nous devez la liberté, parce que la république a la liberté pour principe. » Ce serait un sophisme dans la bouche des républicains de répondre aux monarchistes: « Nous ne voulons pas que vous repreniez le pouvoir, parce que la monarchie nous ôterait la liberté ». Il pourrait se faire que la monarchie fût libérale, comme il peut se faire que la démocratie soit despotique. Ni l'une ni l'autre n'est libérale, ni l'une ni l'autre n'est despotique en soi. Toutes les deux sont susceptibles d'être bonnes ou mauvaises.

Il a été de mode, en ces dernières années, quand le régime parlementaire était en butte à de violents assauts, de le donner pour la forme unique, pour le type sans équivalent du gouvernement libéral. C'est assurément une forme du gouvernement libéral, la meilleure qu'on ait inventée et qu'on ait expérimentée jusqu'ici. Mais dire que, hors de ce régime, il n'y a point de salut ou si l'on veut point de liberté, dire que dans ce régime, quoi qu'on tente, quoi qu'il advienne, la liberté ne court aucun risque, serait s'aventurer follement. L'identifier de point en point avec la liberté organisée, si bien qu'on fasse de cette expression : le régime parlementaire un synonyme exact de cette autre expression : les institutions libérales, serait de l'ignorance ou du parti pris.

C'est un système comme un autre, le meilleur qu'on ait inventé, pour garantir aux citoyens une participation aux affaires publiques ; mais, à lui seul, ce n'est pas la liberté, ce n'est qu'un instrument de liberté, et il a le double tranchant des armes forgées par les hommes : entre les mains de représentants malhonnêtes ou maladroits, il peut devenir un instrument d'oppression.

Jurer que non, qu'il ne peut le devenir, que du moment qu'il est sauf, la liberté est inviolable, c'est ne pas réfléchir qu'il y a plusieurs espèces d'oppression et que l'oppression par une foule est plus terrible et plus lourde que l'oppression par un roi. Si, du régime lui-même, on passe au suffrage dont il émane, on se convaincra de plus en plus que cet instrument est à deux faces et à deux lames. Il n'est pas de république, pas de démocratie qui préserve des accidents.

Qu'est-ce que le suffrage universel ? L'élection au plus grand nombre. Et le régime parlementaire ? La législation au plus grand nombre. Gouvernement du peuple par le peuple, du pays par le pays? Formule creuse. Gouvernement de la classe qui vote le moins par la classe qui vote le plus, dont il faut bien capter et garder la confiance et à laquelle, suivant les temps, on jette, pour exciter son zèle, un morceau de noble, de prêtre, de bourgeois ou de patron à manger.

Il y a, sous le régime parlementaire, un obstacle qu'il n'est pas aisé de surmonter, à la liberté vraie de tous les citoyens : c'est une défaillance pareille aux paniques de la rue, une sorte de lâcheté spéciale, la lâcheté des assemblées. Un brave homme de sénateur ou de député, très ferme et très courageux dans sa chambre où il est seul avec sa conscience et son bon sens, une fois assis à son banc, au milieu de son groupe, battu par le flot des passions, des ambitions, des intérêts, circonvenu, caressé, houspillé, sollicité de toutes les manières, cède sur tout pour avoir la paix. Ou bien il s'en va faire un tour et donne sa boîte à bulletins : éternelle comédie de Pilate ! Que de lois ont été faites ainsi, qui sont, à y bien regarder, des lois d'oppression et de servitude ! Il n'y aurait pas à descendre profondément dans l'épaisse couche de matières législatives qui, depuis 1870, s'amoncelle autour de nos codes, et qui les ronge, et qui les mine, pour en trouver à la douzaine, de ces lois flatteuses et menteuses.

Mais la liberté, où est-elle ? Gravée en lettres ineffaçables partout où il y a de la place assez pour la fameuse devise : sur les palais, les musées, les ministères, les églises, les hôpitaux, les monts-de-piété et les prisons. Le pavillon couvre la marchandise.

La liberté ! Prêtez l'oreille. Entendez-vous la musique délicieuse que font ces trois syllabes habilement entrechoquées ? Un publiciste irrévérencieux a dit, en un jour de gaieté, que la liberté est une vieille guitare. Eh ! ma foi, oui, c'est une guitare sur laquelle on nous joue des berceuses à endormir les petits enfants. Tenons les yeux ouverts : nous ne verrons que des libertés qui s'en vont, et un esclavage nouveau qui rampe vers nous comme un voleur, un esclavage à mille têtes, un esclavage sous mille bêtes, mais patelin, doucereux et enveloppé d'hypocrisie.

Pourquoi? Serait-ce que ce gouvernement n'a pas pour fondement la liberté? Mais, à en croire les pontifes, c'est le gouvernement de liberté, par excellence. Il défie toutes les entreprises et déroute toutes les surprises.

Qu'est-ce donc, pour nous, qui n'avons point de ces envolées dans l'abstrait?

C'est tout bonnement que l'équilibre est rompu, qu'on n'a pas su tenir la balance égale, pas su trouver la mesure juste, pas su déterminer le rapport entre les droits des uns et les droits des autres, entre la liberté et l'autorité, entre l'Individu et l'État; c'est qu'on n'a pas su se modeler sur ce qui est; c'est qu'on a, dans la nation, étouffé des forces qui vivaient encore, produit, grossi et fait croître artificiellement des forces qui n'avaient pas encore ce qu'il faut pour vivre.

C'est qu'on nous a entortillés dans ce sophisme, que, certaines formes de gouvernement étant toujours et quand même libérales, une démocratie parlementaire ne pouvait porter que des fruits et des lois de liberté.

Voilà comment, au lieu de la liberté, nous n'aurons bientôt plus, si nous n'y coupons court, que les apparences, la pompe et l'ostentation de la liberté, le son et non la cloche, l'ombre et non la substance ; cependant que, sur la vieille guitare, on ne cessera pas de nous jouer des airs vieillots.

RÉCAPITULATION

Jusqu'à présent nous avons essayé de montrer :

1º Que la division classique des formes de gouvernement ne correspond pas à la réalité ; qu'il n'y a pas, qu'il n'y a jamais eu de *monarchie pure* ; qu'il n'y a pas, qu'il n'y aura jamais de *démocratie pure* ; que toutes les formes viables sont composées et mixtes ; que la meilleure est celle qui le plus. exactement s'adapte à l'état actuel de la nation, c'est-à-dire celle qui, dans sa composition, ne néglige aucun élément, qui, au contraire, donne à chaque élément la place juste et la mesure convenable ;

2º Qu'il n'y a pas d'autre *légitimité*, quelle que soit la forme du gouvernement, que cette légitimité de fait : être autant que possible en harmonie avec l'état actuel de la nation ;

3º Que l'aphorisme émis par Montesquieu : « La *vertu* est le fondement des démocraties » est vague et sans signification certaine et que, de plus, il n'est pas vrai que la démocratie ait par essence *des vertus* qu'une autre forme de gou-

vernement, la monarchie constitutionnelle, si
l'on veut, ne puisse pas avoir au même point;

4° Que l'homme ne saurait tirer d'un *prétendu
droit naturel*, abstrait et non encore défini, des
droits politiques positifs, imprescriptibles, inaliénables ; que, quant à ce droit naturel en lui-même,
nous ignorons ce qu'il peut être. Si nous le percevons, ce n'est que comme une sorte de Dieu,
par la conscience ; d'où il suit que tout le monde
le pliera plus ou moins à ses propres intérêts et,
comme il arrive pour Dieu, le fera plus ou moins
à sa propre image ; bon pour fonder une religion,
mais non point un gouvernement ;

5° Enfin, que les trois mots réunis sous ce nom :
les *Immortels Principes*, n'avaient plus désormais
pour nous qu'une simple valeur historique ; qu'on
ne pourrait bâtir sur cette formule ; que la liberté
par exemple, ne pouvait servir de base à un gouvernement puisqu'un gouvernement ne se fonde et ne
se maintient qu'en restreignant la liberté ; que,
en conséquence, aucune forme de gouvernement
n'est en soi-même libérale, aucune illibérale en soi.

— Nous en étions là de notre examen, au moment de nous demander ce que c'est que l'égalité
et la fraternité.

CHAPITRE VI

LES IMMORTELS PRINCIPES — L'ÉGALITÉ

« CE PEUPLE-CI A SOIF D'ÉGALITÉ ! »

Ce que c'est que l'égalité, quel sens précis il faut donner au deuxième terme de la devise révolutionnaire (et au troisième d'ailleurs, et au premier), qui le sait aujourd'hui, qui ne voudrait pas le savoir? Nos législateurs, qui s'inspirent pourtant de ces grands principes, semblent l'ignorer profondément. On ne l'a que trop vu à la Chambre des députés, le 11 décembre, au cours de l'interpellation de M. Hubbard sur la politique religieuse ». M. Jamais était à la tribune. Un député de la droite l'interrompt : « C'est là, lui crie-t-il, votre libéralisme ! » — Et M. Jamais de répondre : « Notre libéralisme, dites-vous ? Il y a bien peu de mots qu'il soit plus nécessaire de définir que le mot de *liberté*. » — Plusieurs membres à droite : « Oui ! oui ! Et l'égalité? et la fraternité? » Après ce colloque animé, on attendait que M. Jamais, en fils pieux de ses pères de 1789, donnât une définition, bonne ou mauvaise, des *Immortels Principes* : il s'en est tiré par une apostrophe. Notez que M. Jamais est un des plus jeunes membres de la Chambre et passe pour être un des plus distingués.

Cela ne prouve sans doute pas grand'chose ; cela prouve au moins que partisans ou adversaires de la république, adorateurs et détracteurs de la liberté, de l'égalité et de la fraternité, sont vis-à-vis d'elles, les uns et les autres, fétichistes comme des nègres, ceux-ci les tenant obstinément pour une amulette infaillible, ceux-là pour un grimoire diabolique.

Cependant, il est peu de sujets sur lesquels on ait tant et si raisonnablement écrit. Je veux dire qu'il est peu d'axiomes dont on ait si souvent mis en lumière l'inanité. Mais n'a-t-on pas remarqué qu'en ces matières les clairvoyants, et même les myopes, forment une aristocratie, restreinte comme toutes les élites ? Le reste, la foule n'y voit goutte. C'est ici vraiment que règne, que sévit cette étrange maladie des yeux, la peur, le vertige de la place publique, *l'agoraphobie*. La vue en est toute troublée, les objets tout déformés, les distances tout interverties.

Est-il rien, néanmoins, dont l'absurdité soit plus évidente, la fausseté plus éclatante que l'égalité érigée en principe, donnée pour base à un gouvernement (1)? Sous quel prétexte ? Principe de quel genre et de quel ordre ? Base qui a sa base en quoi ? Sous prétexte que l'égalité est naturelle ou qu'il est de notre nature d'aspirer à l'égalité :

Alors, principe psychologique, base de la base dans l'âme humaine. Il n'est pas rare d'entendre

(1) J'ai à peine besoin de faire remarquer qu'il ne s'agit pas ici de l'égalité de droit, de l'égalité devant la loi. Quelques personnes se sont inquiétées et m'ont dit : « Prenez garde! vous niez que la Révolution ait contenu sa part de bien. Elle nous a pourtant donné l'égalité, en ce sens qu'elle nous a donné l'égale accessibilité à tous les emplois. » Certes, ce n'est pas contre cette égalité que je m'insurge, je suis trop du peuple pour cela. Mais que ces personnes à leur tour n'oublient pas que le mot a, par lui-même, un sens plus absolu et que, ce sens absolu, les radicaux ne se sont pas fait faute de le lui donner. Somme toute, j'accepte de grand cœur l'égalité devant la loi, sans laquelle il n'y a pas de justice, c'est-à-dire pas de société, mais je repousse énergiquement toute autre espèce d'égalité qu'on voudrait inférer du second terme de la devise révolutionnaire. L'inégalité des aptitudes, des fortunes, des conditions, est inévitable et d'ailleurs nécessaire, parce que sans elle il n'y aurait pas d'initiative, pas de concurrence, pas de progrès, c'est-à-dire encore pas de société.

dire, — partout, mais en France plus que partout, — c'est un lieu commun de la rhétorique parlementaire : « Ce peuple-ci a soif d'égalité ! » (Vous voyez bien que l'égalité, que le sentiment ou le désir de l'égalité serait au fond de nos âmes.) Expliquons-nous une bonne fois. Est-il vrai que ce peuple, que le peuple français rêve d'égalité au point d'en avoir soif? Ou n'est-ce là qu'une parodie misérable de la grande parole évangélique : *Qui sitiunt justitiâ. Ceux qui ont soif de la justice.*

« Ce peuple-ci a soif d'égalité ! » — Ah ! non, citoyens ! mille fois non. Ce peuple-ci a soif de distractions, d'honneurs, de titres, de rubans, de plumets, de galons, de médailles, de tout ce qui ressemble à une dignité n'importe laquelle, de tout ce qui est susceptible de constituer à un quidam une supériorité, si petite qu'elle soit, sur son voisin. Et c'est un trait qui le rapproche de tous les autres peuples sans exception, de race blanche, noire, jaune ou rouge, un trait essentiellement humain, notre estampille d'hommes.

En nul autre passage le poète n'a rencontré plus juste :

> . . . . Dans cette Babel
> Qui, du pâtre à César, va montant jusqu'au ciel,
> Chacun, en son degré, se complaît et s'admire,
> Voit l'autre par-dessous et se retient d'en rire...

Si par hasard vous connaissez quelqu'un qui ne veuille être ni académicien, ni député, ni conseiller municipal, ni juge dans un tribunal de commerce, ni membre d'un conseil de prud'hommes, ni garde champêtre, ni employé de la Compagnie du gaz, ni décoré, qui, en un mot, ne désire pas être revêtu d'un uniforme et d'une parcelle, même minime, d'autorité, soyez-en sûr, celui-là est peut-être un Suisse ou un Américain, mais ce n'est pas un Français. Et s'il est Suisse, s'il est Américain, s'il est réfractaire à l'appât des honneurs et des dignités, méfiez-vous : ce n'est pas encore d'égalité qu'il aura soif : insensible au galon, il ne le sera pas à l'or. Il ne souhaitera pas plus de panache que Pierre ou Paul, mais il souhaitera plus de richesse. Faire fortune : dépasser le changeur de Michigan Avenue, puis dépasser Gordon Bennett et puis dépasser Jay Gould. Chez nous, l'argent ne vient qu'en seconde ligne, quoique nous ne le dédaignions pas.

Mais pour parler d'égalité, législateurs de mon pays, pour soutenir que nous en avons soif, vous n'avez donc jamais mis le pied dans la rue ? C'est une école excellente que la rue, et surtout la rue parisienne. Elle est variée, sincère, vivante ; il n'y a qu'à regarder et écouter, pour en tirer toute une philosophie.

Tenez, hier, place du Théâtre-Français, comme j'allais songeant aux Immortels principes, voici le dialogue que je surpris entre deux cochers d'omnibus : « Figure-toi, mon vieux, qu'il croyait que j'allais *quitter de déjeûner* pour reconduire les chevaux à l'écurie; avec cela qu'il n'y a pas de *palefreniers* ! » Ce que la notation écrite ne peut rendre, c'est l'accent de mépris indicible dont le cocher chargeait : « de palefreniers » : il disait : « palefeurniers » avec une moue qui n'en finissait pas et qui signifiait clairement : « Nous n'avons pas ramené les chevaux ensemble ! »

A qui, du reste, n'est-il pas arrivé de se trouver, un jour de fête, dans un jardin public ou dans une gare ? Immanquablement, ce jour-là, on aura entendu cette exclamation : « Vous ne savez pas qui je suis ! » Il est si vieux, ce cri du cœur, si usé à force de servir, qu'il ne produit plus aucun effet, même sur un simple agent de police.

Non, nous ne sommes pas un peuple égalitaire,

nous sommes un peuple hiérarchiste par instinct
et hiérarchisé par éducation. Ce ne peut être en
vain que, depuis quatorze siècles, nous jouons au
noble et au soldat. Nous sommes modelés par une
double discipline, par toute sorte de disciplines :
sociale, militaire, religieuse, administrative, universitaire ; nous sommes caporalisés et mandari-
nisés.

J'ajoute que, selon les vraisemblances, nous le
sommes pour longtemps, et que, loin de l'être de
moins en moins, nous le serons de plus en plus.
Le service militaire obligatoire, l'instruction primaire obligatoire ne pourraient être pour nous
des écoles d'égalité qu'à la condition que tous
les conscrits deviennent maréchaux de France ou
restent éternellement soldats de seconde classe, —
ce qui est la négation de l'armée, — et que tous
les enfants s'arrêtent aux éléments de la gram-
maire et de l'arithmétique, — ce qui est la négation de la science. Tant que, dans l'armée, tout le
monde ne commandera pas, ou tout le monde
n'obéira pas, tant que tout le monde ne sera pas
appelé, au sortir de l'école primaire, dans les
lycées, et au sortir des lycées, dans les facultés, l'armée et l'école ne seront pas, à suivre

formées, qui ont vécu d'une vie égoïste et qui, par conséquent, ont fait peser de tout son poids et haïr l'inégalité. Pendant tout le moyen âge, la féodalité a joué un rôle d'une utilité sociale indéniable. Il y avait pourtant inégalité entre le seigneur et le paysan. Tant que le seigneur a été le protecteur, n'a pas oublié les devoirs de sa charge, n'en a point voulu conserver les seuls bénéfices, la subordination n'a pas semblé intolérable.

Dès qu'il n'a plus su être qu'un grand propriétaire de terres et d'hommes, occupé sans partage à en tirer d'énormes revenus et des jouissances abusives, le paysan s'est soulevé, a chassé du château le seigneur fainéant qui ne lui rendait plus de services et absorbait toute sa substance: le peuple a secoué l'inutile et ruineuse tutelle de la noblesse.

On le voit: c'est bien moins contre l'inégalité elle-même que contre la manière égoïste dont l'organe, à la fin, remplissait sa fonction ou plutôt cessait de la remplir, que l'insurrection, que la révolution s'est faite. Le peuple a brisé le rouage, moins parce qu'il était un rouage, que parce qu'il était faussé.

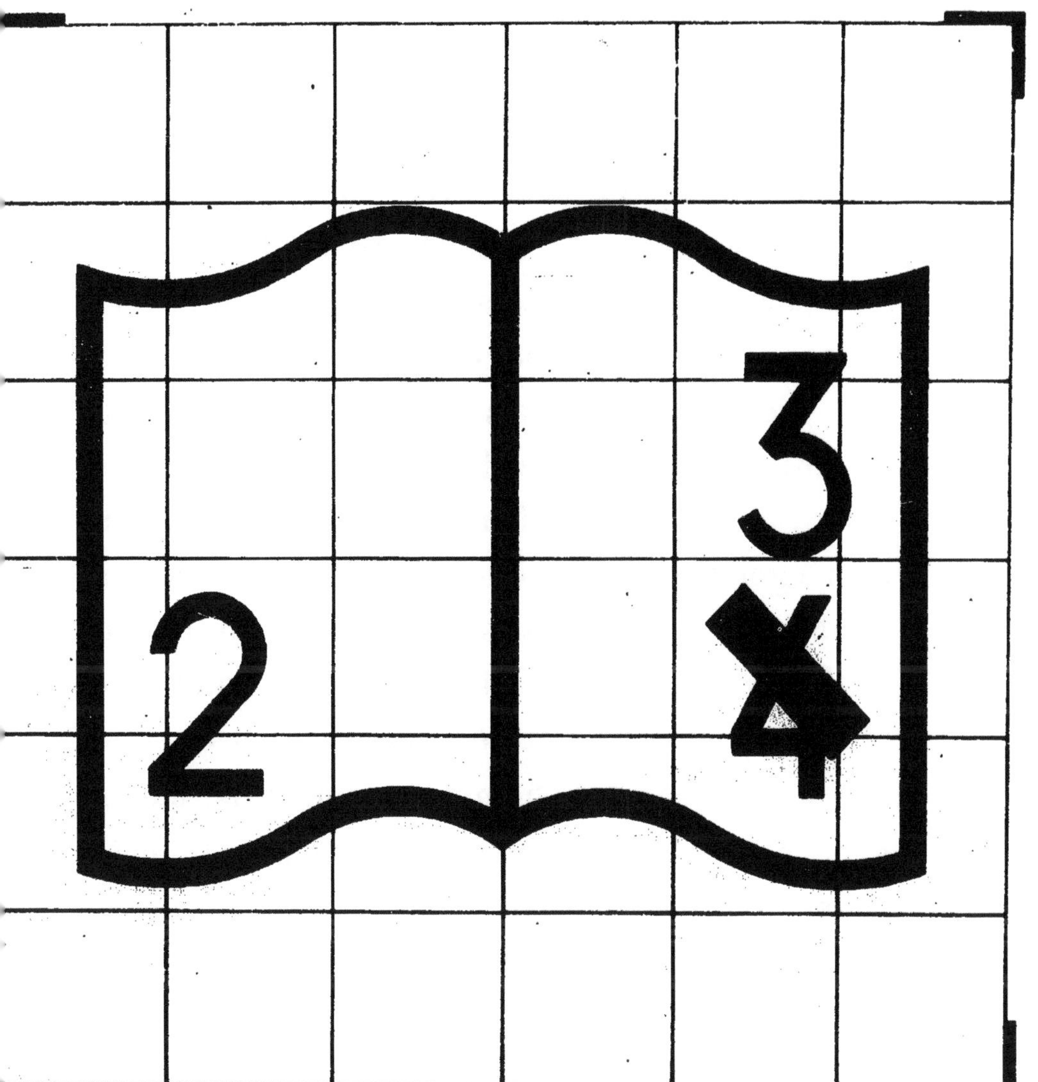

En résumé, toutes les crises dont ont souffert et dont souffrent les sociétés se sont produites, non parce que l'égalité se trouve rompue, — qui dit société, dit du même coup : inégalité, différences, hiérarchie, — mais parce que les organes essentiels du corps social, repliés sur eux-mêmes, distraits de leur fonction normale par un travail trop égoïste, s'endurcissent, se racornissent ou tombent comme des tissus morts. Voilà le mal; quel est le remède? Retourner à la source, et tâcher de rétablir l'égalité? Autant parler de grouper à nouveau les hommes, comme ils étaient groupés, en hordes minuscules, dans les forêts et les cavernes.

Non, mais rajeunir les organes vieillis, assurer de gré ou de force, par une transformation organique ou une opération chirurgicale, les renouvellements nécessaires. Car il y a des renouvellements nécessaires; et de même que le corps humain, tout en gardant son aspect extérieur et sa figure propre, n'a pas une parcelle qui ne change en une période déterminée, de même le corps social, sous l'immobilité de sa surface, doit être nourri, entretenu par un perpétuel apport de vie et de jeunesse. Mais rien n'indique que le renouvellement doive se faire par parcelles égales, et il est sûr que les organes demeureront quand même inégaux.

Et parce que, de gré ou de force, se sont abaissées les barrières qui cantonnaient les classes chacune dans son coin, ont été percées les cloisons qui mettaient obstacle au libre jeu des nerfs et à la libre circulation du sang, parce que, en définitive, l'organisme politique s'est renouvelé par une infusion de sang rouge, de sang populaire, il n'en faut pas conclure que toutes différences sont effacées ou doivent l'être ou peuvent l'être, toute subordination détruite, que l'on est revenu ou que l'on va revenir à la simplicité des premiers âges.

Ce serait vouloir revenir à la matière amorphe, à la méduse. Ce serait prétendre faire un corps qui n'ait ni tête, ni tronc, ni bras, qui n'ait que des pieds et qui soit un corps d'homme. Cela ne relève plus de la *sociologie*, de la science sociale, mais de la *tératologie*, de la description des monstruosités.

Les différences subsistent, ou plutôt il subsiste des différences, quoique ce ne soient plus les mêmes ; à la place des titres, nous avons les grades. Dira-t-on que ce sont là des distinctions uniquement « de cérémonie » et que, dans le fait, on ne les retrouve pas, qu'elles ne correspondent à rien ? Qui oserait le dire ? Pourquoi faire de telles difficultés à reconnaître que c'est une utopie, et non pas même une belle utopie, que de vouloir fonder une société, politiquement organisée, un gouvernement, sur l'égalité ?

L'expérience, une observation vieille comme les sociétés et qui ne saurait être contredite. nous montre les gouvernements naissant des inégalités, vivant d'elles, grandissant par elles, sous réserve, toutefois, de ne point laisser ces inégalités dégénérer en monopoles pour les uns, et pour les autres en dénis de justice.

Ce sont ces bienfaisantes et salutaires différences qui stimulent l'initiative : l'homme en reçoit le coup de fouet d'ambition ou de cupidité sans lequel il resterait indifférent à tout progrès, réfractaire à toute entreprise. Mais j'ai peur d'énoncer un peu solennellement une vérité que nul ne conteste, qui est connue et, comme on dit, *archi*-connue. Bien des auteurs ont eu pour but de prouver que si l'égalité pouvait s'établir sur la terre, ce ne serait jamais que par en bas, dans la misère et l'ignorance, ce que l'un d'entre eux exprimait sous cette forme pittoresque : on couperait les pans des habits pour en faire des vestes, mais on ne coudrait point de pans aux vestes pour en faire des habits. Je n'insiste pas davantage. J'entends d'ici une objection qui mériterait d'être qualifiée d'*objection de l'école du bon sens*, et à laquelle j'ai hâte de répondre.

Mais, disent les bourgeois (et les hommes de 1789 étaient de grands bourgeois), mais il ne s'agit pas, comme vous l'insinuez, de la parfaite égalité, de l'égalité en toutes choses ; il s'agit seulement de l'égalité de droits, de l'égalité devant la loi civile et pénale. Eh ! sans doute : on trouve commode et l'on estime prudent de faire au minotaure sa part, mais on oublie qu'il ne faut pas jouer avec l'abstrait, parce que l'abstrait est toujours l'absolu, et qu'on ne lui fait pas sa part.

Quand vous aurez prêché, prôné, promis l'égalité, à la masse qui s'impatiente, vous irez ensuite lui dire : Un instant, c'est de l'égalité civile que je te parle! Vous serez emporté comme une paille. Et, franchement, vous ne l'aurez pas volé. On vous répliquera brutalement, si l'on ne dédaigne pas de vous donner une explication, que l'égalité qui, pour vous, est une phrase, est, pour la foule, l'égalité sans phrases. On vous rappellera que c'est vous qui avez forgé la devise et fabriqué la loi. Et, comme vous l'avez faite, on vous l'appliquera.

À l'heure qu'il est, vous ne la redoutez pas. Vous la faites graver sur toutes les murailles; elle revient comme une ritournelle en vos programmes électoraux. Mais cette égalité elle-même dont vous êtes fiers, l'égalité civile, bourgeoise, l'avons-nous? Disons, si vous le voulez, qu'elle est inscrite dans les codes et que c'est beaucoup. Disons, si vous en êtes flattés, que nous sommes, en France, plus près de l'égalité, ou que nous sommes près d'en être plus près qu'ailleurs.

Vous le voulez, nous avons fait vers ce qui est votre idéal de grands et sérieux efforts. Tout ce que l'esprit humain pouvait faire, nous l'avons fait : il s'est fait violence à lui-même, il ne reste plus qu'à faire violence à la nature. La loi est corrigée autant qu'elle pouvait l'être; il ne reste plus à corriger que l'homme.

Or, la nature et l'homme, on ne les corrigera pas. C'est ce qui condamne à l'impuissance l'axiome, la devise révolutionnaire.

Les *Immortels Principes* sont ou plutôt étaient magnifiques comme négation, comme cri de guerre, lorsqu'on se proposait de renverser ce qui était, qui n'était pas la liberté, ni l'égalité, ni la fraternité. Ils n'ont aucune valeur positive. Ils n'ont qu'une valeur *destructive*, aucune valeur *constructive*; l'égalité moins encore que la liberté et pas plus que la fraternité, dont il n'y a à dire que deux mots.

CHAPITRE VII

LES IMMORTELS PRINCIPES — LA FRATERNITÉ

(*a*) QUE LA « FRATERNITÉ » N'EST QU'UN MOT
(*b*) QUE LA « SOLIDARITÉ » SUFFIT

Ce qui est vrai de l'égalité est vrai aussi de la fraternité. De même que, dans la vie sociale, les inégalités sont fatales, nécessaires, et l'égalité chimérique, de même la fraternité est, elle aussi, chimérique, et pourquoi le cacher? semble l'être à jamais. J'ai beau regarder, je ne vois pas de fraternité dans la nature. Chacun lutte pour soi, l'emporte ou succombe, et le plus fort élimine le plus faible. Je ne dis pas que ce soit bon, ni qu'il ne faille pas s'en plaindre, mais qu'il en est ainsi. La nature procède aveuglément, cruellement, par sélection, ce qui revient à dire par extinction; le choix des uns suppose le sacrifice des autres; elle, impassible, nourrit et tue.

Ou la fraternité ne représente rien, ou elle doit avoir pour objet d'atténuer, de restreindre les barbaries de la nature, de la contrarier, de la retarder dans ses voies. L'effort demeurera le plus souvent inutile ; il ne réussira qu'exceptionnellement, on n'en saurait déduire une règle fixe. Le plus souvent on échouera. Ce qui n'est pas dans la nature, vous ne pouvez pas, quand vous le voudriez, le mettre dans la société. Vous ne pouvez ni élever ni maintenir une société qui soit en contradiction avec les lois de la nature. C'est assez indiquer que l'on ne peut fonder le gouvernément sur la fraternité.

L'égalité n'est pas une belle utopie : la fraternité en est une, mais ce n'en est pas moins une utopie (entendez : comme principe stable et général de gouvernement). Inscrire dans une formule politique : Fraternité, c'est absolument la même chose que d'y inscrire : *Abracadabra* ou *Baralipton*. Assurément, c'est une pensée généreuse, et qui fait grand honneur aux hommes qui l'ont eue, mais nous ne jugeons pas ici du point de vue moral.

La fraternité révolutionnaire descend en droite ligne de la « sensibilité » du xviiie siècle. Ce fut

un superbe élan d'amour universel et d'universelle tendresse. La Révolution embrassait le
monde entier dans ses effusions lyriques. Elle ré-
conciliait tous les peuples, les unissait, se vantait
de les fondre ensemble d'un baiser. Tous les hommes étaient des frères ; il n'y avait que les tyrans,
lisez les rois, les princes, les nobles et les prêtres
qui ne fussent pas des hommes. A cette heure
sublime, l'homme faillit, en rêve, devenir l'ange.
Mais on sait le reste : « Qui veut faire l'ange fait
la bête. » La bête s'est réveillée, démuselée, et
la fraternité ne l'a pas empêchée de mordre.

Bientôt l'amour lui-même, la tendresse elle-
même prirent un air de contrainte et de férocité.
De l'invitation à la fraternité on fit un dilemme
à la mode jacobine : la fraternité ou la mort !
« Tu seras mon frère, ou je te guillotinerai. Et
le meilleur moyen de te montrer mon frère, c'est
de faire ce que je fais et de penser ce que je pense.
Cependant tu es libre et nous sommes égaux.
C'est pourquoi, en vertu de ces trois dogmes combinés, si tu ne m'estimes pas admirable, tu m'es
suspect, et, dès que tu m'es suspect, j'appelle
Fouquier-Tinville, qui fait signe à Sanson. Je te
dénonce, mais comme je t'aime ! Et non seulement

je t'aime, mais j'aime les animaux, nos frères, et non seulement je les aime, mais j'aime ce qui ne se meut pas, ce qui ne sent pas, la glace et le rocher. Français, la fraternité ou la mort ! Peuples, la fraternité ou la guerre ! »

Cet état d'esprit, ne le reconnaît-on pas ? C'est la folie pure. Ou, si l'on veut sauver les formes, c'est une exaltation, sublime par un de ses côtés. Mais l'exaltation, même sublime, n'est pas la condition normale de l'humanité. La pauvre humanité, à la prendre telle qu'elle est, — et comment la changerait-on ? — sa moyenne n'est pas cornélienne. Ce ne sont pas des âmes de héros ni des âmes de saints qui habitent en nous. Interrogeons-nous sincèrement. Êtes-vous à ce point fraternel, que tous les hommes, tous les peuples, tous les êtres soient à vos yeux des frères ? Si vous n'êtes pas François d'Assise et que vous répondiez oui, vous vous flattez.

Pour nous, gens du commun, nous n'avons point tant de vertu, et néanmoins nous ne nous croyons étrangers à rien qui soit réellement humain. Si nous avons des frères selon la chair, nous les aimons de notre mieux. Nous essayons d'être fidèles et dévoués à nos amis. Nous secourons suivant nos moyens les infortunes qui sont le plus près de nous. Mais cette fraternité débordante qui jetterait l'humanité hors d'elle-même et qui s'épancherait en tous lieux, comme l'eau d'une source inépuisable, cette fraternité à laquelle les petits des oiseaux viendraient boire, on nous pardonnera, ce n'est point notre faute, nous ne la connaissons pas.

Je viens d'écrire qu'elle jetterait l'humanité hors d'elle-même. Elle n'est donc pas un trait essentiel, un caractère de l'humanité ? Il se peut donc que, loin d'être dans la nature, elle fût une entreprise sur la nature, qu'elle fût une réaction contre elle ? Cela suffit. Je n'en décourage personne. Je ne prétends pas qu'on ne puisse pas fonder sur la fraternité une morale très haute, une sorte de religion humaine. Je défie qu'on s'en serve avec fruit pour fonder un gouvernement.

Mais, ne manquera-t-on pas de répartir, les gouvernements ne sont-ils pas faits précisément pour redresser, amender la nature là où elle est trop aveugle et cruelle, pour en atténuer les barbaries et, par la fraternité des hommes, pour la rendre maternelle aux hommes ? Je pense que « redresser, amender » c'est beaucoup dire ; que

« atténuer les barbaries », c'est, le plus souvent, trop dire encore. Retentir et contenir la nature, la limiter, voilà les expressions justes. En théorie, quel doit être dans la vie sociale le rôle du gouvernement, et ce rôle quel est-il en fait ? De « limiter les égoïsmes » qui, déchaînés, mettraient en péril la société même.

Et la sélection ? et la concurrence ? L'État les surveille, mais ne les arrête pas, et ne saurait les arrêter, Il prend soin que le combat se livre à armes loyales ; il n'est que le témoin, que le juge du camp. Il assigne à chacune des parties une place, trace à chacun des égoïsmes un cercle dont il ne devra pas sortir, sous peine d'y être réintégré de force, mais dans l'intérieur duquel il est libre de se mouvoir, et contraint de se mouvoir, pour se défendre et survivre.

Est-ce qu'un rôle pareil, qui, nous le répétons, est légitimement et efficacement tout le rôle des gouvernements, oblige de sous-entendre la fraternité comme principe ? Quelle fraternité y a-t-il là-dedans ou là-dessous ? Elle serait étrangement étroite et bornée, — une fraternité de cannibales, dont on se donne mutuellement la marque en ne se mangeant pas l'un l'autre.

Des deux termes qui complètent la devise révolutionnaire : *Égalité, Fraternité,* nous rejetons le premier, parce que l'égalité n'est ni physique ni psychologique, parce qu'elle n'est ni dans la nature ni dans l'homme, parce qu'elle est contradictoire à l'idée de progrès, les sociétés, comme les corps, ne se développant qu'en développant des inégalités.

Nous rejetons le second, parce que la fraternité, elle non plus, n'est ni physique ni psychologique, qu'elle n'est, elle non plus, ni dans la nature ni dans l'homme ; elle n'est pas contradictoire à l'idée de progrès, mais elle suppose, et l'obstacle n'est guère moindre, un progrès si considérable qu'il équivaut à un changement total de ce qui est et de ce qui a été.

Nous rejetons la formule prise en bloc, parce que les termes ne sont pas du même ordre et s'excluent. Nous la rejetons dans son ensemble comme déclamatoire et creuse.

Un sénateur de la Seine, M. Ranc, un républicain non douteux, a dit de la liberté que c'était « une guitare ». Nous sommes convaincus que le jour où il lui conviendra de poursuivre la série de ses métaphores, il dira de l'égalité et de la fraternité que ce sont « des balançoires ».

A ces pompes de rhétorique, qui n'expriment que des mensonges, nous préférons le mot de *solidarité*, qui exprime, lui, une vérité, la première de toutes les vérités sociales : on serait tenté de dire une vérité biologique et sociologique.

Dans le corps humain, il y a, il faut qu'il y ait une tête, un cœur, un tronc, des bras, des pieds. Ce qui importe au bon équilibre, à la santé de l'organisme, ce n'est pas qu'il y ait égalité entre toutes les parties, ni que la tête qui pense s'apitoie sur les pieds qui rabotent le chemin, c'est que l'organisme ait conscience d'être un tout où le plus noble organe n'a pas le droit d'être paresseux, où le plus humble a quelque fonction nécessaire à remplir, où tous les membres, toutes les cellules sont solidaires.

Ainsi de la société. Ce qui importe à sa santé, au maintien de l'ordre et de l'équilibre (qui ne sont pas pour nous l'immobilité, mais le mouvement réglé : le progrès, c'est l'ordre en mouvement), ce qui importe au corps social, c'est aussi la conscience de cette solidarité.

Ou, si l'on aime mieux une comparaison mécanique : dans la machine sociale, la solidarité doit être le moteur; la liberté, le régulateur; quant à l'égalité, elle n'y a rien à faire : une vis n'est l'égale d'une roue ni en grosseur ni en usage; elles ne sont égales qu'en ce qu'elles sont toutes deux également indispensables au tout. Et pour la fraternité — j'en gémis, — mais une machine sait-elle ce que c'est?

CHAPITRE VIII

DE LA SOUVERAINETÉ NATIONALE

M. D'Hulst. Nous fondons l'obligation du respect dû au pouvoir sur une délégation essentielle de l'autorité divine.

M. Montault. Montrez-la !

Un membre a gauche. C'est la théorie du droit divin.

M. Gustave Rivet, *ironiquement*. Nous pourrions aussi parler des Pharaons.

M. D'Hulst. Le droit divin n'intervient pas dans le mode de constitution du pouvoir; cette constitution est un fait humain. Mais quand le pouvoir est constitué, s'il peut exiger l'obéissance des hommes, c'est parce qu'il représente le pouvoir de Dieu. *(Interruptions à gauche.)* Oui. un homme, en tant qu'homme, n'a aucune qualité pour se faire obéir de ses semblables, et. moi, je n'obéirai jamais à un homme, comme homme...

M Doumer. C'est la théorie anarchiste.

M. Terrier. Nous ne reconnaissons qu'une autorité : la loi.

M. Isoard. Avant le droit divin, il y a le droit naturel.

M. Hubbard. C'est la négation des droits de l'homme, de la souveraineté nationale !...

Voix à gauche. Il y a le droit populaire ; il y a le droit naturel.

M. D'Hulst. Le droit populaire est un des

modes de désignation du pouvoir ; il n'est pas
la source du pouvoir. (*Bruit à gauche.*)

(*Chambre des députés,* séance du 9 avril 1892.
Journal officiel du dimanche 10 avril, p. 526.)

DÉFINITION

Commençons encore par le commencement ; ne
nous lassons pas de définir. Il n'est bruit tout
autour de nous que de peuple souverain et de
souveraineté nationale. Personne ne croit plus,
— et il faut s'en féliciter, — qu'il y ait des rois
souverains en vertu d'une désignation divine. Mais
à ce droit divin des rois on a involontairement,
inconsciemment, substitué une sorte de droit divin
du nombre. Et personne ne doute plus que le peuple soit souverain par la grâce de Dieu. Si l'on
n'emploie pas cette formule : par la grâce de Dieu,
c'est que l'on n'ose pas, et qu'elle est un peu
passée de mode. Mais l'idée est bien celle-là. Un
dogme chasse l'autre. La souveraineté populaire
est le dogme fondamental de la politique des temps
nouveaux.

J'espère prouver sans trop de peine que ce prétendu dogme n'est, en le serrant de près, qu'un sophisme. Non pas que je veuille avancer qu'il y ait une

autre souveraineté plus légitime que la souveraineté nationale. Tout au contraire : il s'agit de faire voir que la notion de souveraineté, en elle-même, qu'elle s'applique aux princes ou aux peuples, est une notion vieillie, fausse à son origine, faussée davantage par l'histoire, et au bout du compte inutile, pire qu'inutile, dangereuse.

Souveraineté ? Un mot. Que peut signifier ce mot ? Plusieurs définitions en ont été données. La meilleure, la plus complète nous paraît être la suivante : « La souveraineté est la puissance de la nation, considérée dans sa majesté et dans sa force suprêmes (1). » Encore qu'elle soit la meilleure, cette définition n'est pas déjà si claire ; elle est du moins la plus complète ; elle s'appuie sur une analyse détaillée des attributs de la souveraineté, attributs qui seraient au nombre de cinq : 1° l'*indépendance* par rapport à tout autre État ; 2° la *dignité publique suprême* ou, comme disaient les Romains, la *majesté ;* 3° la *plénitude de la puissance publique* ; 4° la *puissance la plus élevée* dans l'État ; 5° l'*unité*.

Qualifiée par de tels attributs, la souveraineté est susceptible de revêtir deux formes, de se pré-

(1) Bluntschli, *Théorie générale de l'État*, liv. VII.

senter sous deux aspects. Souveraineté dans chaque État; souveraineté d'État à État; souveraineté en droit national et en droit international. Ce n'est que de la première forme que nous nous occuperons ici.

(*a*) SOUVERAINETÉ DU PEUPLE — SOUVERAINETÉ NATIONALE

En qui réside la souveraineté ? L'opinion qui l'a emporté, depuis Rousseau et la Révolution, c'est qu'elle réside « dans le peuple ». Seulement, que doit-on entendre par « le peuple » ?

Est-ce la somme des individus qui composent l'État ? En ce cas, « la puissance de la nation, considérée dans sa majesté et dans sa force suprèmes », appartiendrait, de fait, à la majorité des individus, ce qui suppose la souveraineté répartie par portions égales, entre les citoyens. Mais la souveraineté peut-elle se diviser, et l'un de ses attributs n'est-il pas justement l'*unité ?*

Alors, qu'est-ce que le peuple ? Est-ce l'ensemble des citoyens égaux, votant en une ou diverses assemblées communes ? En résumé, le peuple est souverain, mais qui est le peuple? Nous tous conjointement et indivisément, ou chacun de nous pour sa part, vous à concurrence d'une voix, moi à concurrence d'une, pourvu toutefois que vous, moi et d'autres, nous soyons la majorité ?

L'une et l'autre thèse a été soutenue, adoptée, a prévalu à son tour. Il peut être instructif d'en suivre, étapes par étapes, la fortune.

C'est en France qu'est née l'expression même, la *souveraineté*. On la trouve au xvi⁰ siècle, dans la *République* de Bodin. Suivant Bodin, la souveraineté est « la puissance absolue et perpétuelle d'une république » (c'est-à-dire d'un État). Pour rencontrer la souveraineté comme nous nous l'imaginons, la souveraineté nationale, la souveraineté populaire, il faut attendre la venue de Jean-Jacques. Ah ! par exemple, lui, il n'hésite ni tergiverse. Écoutez-le : « Le souverain, c'est la foule des individus réunis par le pacte social ; chacun est à la fois membre du souverain et soumis au souverain. La souveraineté n'est que la volonté générale, et celle-ci est inaliénable. »

Rousseau n'a pas tiré de sa cervelle cette théorie, armée de toutes pièces; ce qui est de lui et bien de lui, c'est l'adjectif *inaliénable*, lequel donne au morceau son caractère. Que de contradictions vont sortir de ce malheureux adjectif jeté là au bout de la phrase, où il sonne superbement! La volonté générale est inaliénable; mais la souveraineté n'est autre chose que la volonté générale, donc la souveraineté est inaliénable.

Comment Rousseau peut-il, avec cela ou après cela, admettre l'existence d'un régime représentatif? Eh quoi! cette souveraineté inaliénable qui est la sienne, le peuple la déléguerait? Mais oui, Rousseau l'admet, reconnaissant au moins « au corps des représentants une autorité dérivée ». Mais non, il ne l'admet pas, ce texte le montre assez clairement : « A l'instant qu'un peuple se donne des représentants, il n'est plus libre, il n'est plus... Le peuple anglais pense être libre, il se trompe fort, il ne l'est que durant l'élection des membres du Parlement ; sitôt qu'ils sont élus, il est esclave, il n'est rien. Dans les courts moments de sa liberté, l'usage qu'il en fait mérite bien qu'il la perde. »

Si, au lieu du mot liberté, nous rétablissons le mot souveraineté, et au lieu de libre, souverain, le passage gagne singulièrement encore en vigueur et en vérité. Voilà, de toutes façons, le philosophe de Genève pris aux filets de sa propre rhétorique. Certes, il s'y débat de son mieux, mais plus il se débat, plus il s'enfonce. Est-il étonnant que les hommes de la Révolution, partagés entre le respect qu'ils portent à leur maître intellectuel et la crainte de n'être plus rien, si la souveraineté du peuple est inaliénable, si le corps des représentants ne possède qu'une autorité *dérivée*, n'est-il pas naturel que les membres de la Constituante, de la Législative et de la Convention n'aient pu se tirer de cette nasse?

La redondance ordinaire de leur style dissimule mal leur embarras. Une fois que le principe est posé dans la Constitution de 1791 : « La souveraineté est une, indivisible, inaliénable, imprescriptible, elle appartient à la nation; aucune section du peuple ni aucun individu ne peut s'en attribuer l'exercice », on s'aperçoit qu'il a besoin de développements, de commentaires.

L'Assemblée législative se charge de rédiger la glose: « Sans doute, décide-t-elle, le 20 avril 1792, la nation française a prononcé hautement que la souveraineté n'appartient qu'au peuple, qui, borné dans l'exercice de sa volonté suprême (force *suprême*, majesté *suprême*, volonté *suprême*, quel abus de cette épithète!), borné dans l'exercice de sa volonté suprême par les droits de la postérité, ne peut déléguer de pouvoir irrévocable ; sans doute elle a hautement reconnu qu'aucun usage, aucune convention ne peuvent soumettre aucune société d'hommes à une autorité qu'ils n'auraient pas le droit de reprendre. »

Ce n'est point blasphémer que de traiter cette glose d'obscure et peu satisfaisante.

Quoi qu'il en soit, en dépit de toutes les contradictions qu'il renferme, le principe est posé pour longtemps; pendant le siècle entier, on va suivre à la trace l'influence du *Contrat social*; la France n'aura pas une constitution républicaine(1) qui ne soit selon la formule.

En tête de la Constitution de 1793, la *Déclaration des droits* proclame, dans son article 25, que « la souveraineté réside dans le peuple ; elle est une et indivisible, imprescriptible et inaliénable ».

____

(1) L'Empire lui-même se réclame du principe de la souveraineté du peuple, ce qui en prouve au moins le peu de valeur effective :

« Ce n'est pas la moindre curiosité de cette période, que les Bourbons de la branche aînée, tout en accordant en pratique un jeu très large à la liberté politique, ne voulurent jamais admettre expressément la thèse moderne du gouvernement populaire, tandis que les Bonaparte, qui proclamaient la théorie sans restriction, surent mainteni un despotisme rigide. » (SUMNER

La Constitution de l'an III ajoute que « la souveraineté réside essentiellement dans l'universalité des citoyens ».

C'est ce que reconnaît aussi la Constitution de 1848 : « La souveraineté réside dans l'universalité des citoyens français... Elle est inaliénable et imprescriptible. Aucun individu, aucune fraction du peuple ne peut s'en attribuer l'exercice. »

Toujours ce malencontreux *ne peut*, qui jure si fort avec les faits et qui mettait Bentham en de si belles colères ! Est-ce que Bonaparte, au 18 Brumaire, et Louis-Napoléon, au 2 Décembre, n'ont réellement pas *pu* s'attribuer l'exercice de la souveraineté ? Mais laissons de côté ces chicanes de grammairien ou de logicien trop difficile.

Essayez de concilier le texte de la Constitution de 1848 avec les paroles de Lamartine prononcées dans le même moment : « Tout Français qui a atteint l'âge d'homme est citoyen ; tout citoyen est électeur; tout électeur est souverain. » Mais, d'après la Constitution, « la souveraineté réside dans *l'universalité* des citoyens français ; elle est inaliénable et imprescriptible » ; par conséquent,

MAINE, *Essais sur le gouvernement populaire*, traduction française, ch. I, p. 30.)

tout citoyen français, en tant que simple Français, que simple citoyen, n'est pas souverain ; il ne l'est que joint à tous les autres.

Ou bien il l'est, à l'avis de Lamartine; ne l'est pas, suivant la Constitution. — C'est la bouteille à l'encre ; c'est un casse-tête chinois, une charade politique; c'est un sophisme, et d'une jolie taille, d'autant plus séduisant, d'autant plus spécieux, qu'il est en apparence bien construit, que les trois assises s'en tiennent bien : « Tout Français est citoyen ; tout citoyen est électeur; tout électeur est souverain. »

Sérieusement, vous le croyez?

Si vous voulez toucher du doigt le sophisme, nous n'avons qu'à renverser les termes et qu'à reprendre à l'envers le même raisonnement: « Tout souverain est électeur ; tout électeur est citoyen, etc... » Comme il n'en est pas de la souveraineté ainsi que des fagots, comme il ne saurait y avoir de souverain plus souverain que le souverain, il résulte de ces prémisses que tout souverain *n'est que* citoyen et électeur, ce qui est manifestement faux et radicalement opposé à la définition même de la souveraineté.

Mais pourquoi ces subtilités ? Que Lamartine

s'arrange avec Rousseau ; Lamartine, qui dit :
« Tout électeur est souverain », et Rousseau, qui
disait : « Le peuple anglais n'est libre que durant
l'élection des membres du Parlement ; sitôt qu'ils
sont élus, il est esclave, il n'est rien. »

Tout électeur est souverain ! Sophisme de la
plus détestable et redoutable espèce, sophisme du
genre anarchique, car, tout le monde étant souverain, c'est comme si personne ne l'était; là où tout
le monde commande, non seulement personne
n'obéit, mais, au fond, personne ne commande.

L'autre formule, celle de la souveraineté indivisible du peuple, risque moins d'aboutir à cette
désastreuse conséquence : l'anarchie.

Sous ce rapport, il semble qu'un réel progrès
ait été accompli dans le dernier demi-siècle. Plutôt
que de dire « la souveraineté du peuple », on dit
plus volontiers de nos jours « la souveraineté
nationale ».

C'est, en effet, une conception défendable, la
plus rationnelle et la plus juste de toutes, que
la souveraineté réside dans la nation. Expliquons-
nous, — et le mieux pour s'expliquer est de réunir
ici quelques observations des théoriciens, — la
souveraineté résiderait alors dans l'ensemble du

peuple « organisé, conçu comme unité, avec sa tête et ses membres, âme vivante et personne de l'État ». Elle résiderait dans le peuple un et ayant conscience de son unité, en un mot dans la nation, puisque ce qui fait d'un peuple une nation, c'est la conscience plus éclairée et plus sûre qu'il prend de lui-même.

Si donc l'idée de souveraineté est absolument nécessaire, la dénomination la moins mauvaise à laquelle on puisse s'arrêter est celle de « souveraineté nationale ». Mais cette idée est-elle indispensable?

Nous n'hésitons pas à répondre : Non.

Non, il n'est nullement besoin d'aller chercher dans on ne sait quelle métaphysique démocratique cette idée qui, admise, ne donne rien, qui, repoussée, n'enlève rien.

Répétons-le : ce que nous combattons, — il ne faut pas de confusion là-dessus, — ce n'est pas le principe de la souveraineté nationale, ce n'est pas la souveraineté du peuple que nous attaquons comme moins vraie ou moins légitime que telle ou telle autre, c'est l'idée même de souveraineté, souveraineté sans épithète, du peuple ou d'un prince, toute souveraineté quelle qu'elle soit.

Nous l'attaquons parce que, à nos yeux, elle est trop ancienne et usée, erronée et féconde en déductions absurdes, enfin inutile et dangereuse.

(*b*) QUE L'IDÉE DE SOUVERAINETÉ EST FAUSSE, VIEILLIE ET INUTILE

En premier lieu, c'est une idée tirée d'une sorte de métaphysique démocratique. Beaucoup de ses apôtres ne s'en rendent pas compte, mais elle est de source et d'ordre théologiques. Il n'est pas de pouvoir qui ne vienne de Dieu. *Non est potestas nisi a Deo.* On ne manquerait pas d'exemples chez les Pères.

Assurément, il convient de distinguer entre la souveraineté inaliénable et la souveraineté aliénable ou initiale du peuple. Cette doctrine de la souveraineté inaliénable du peuple, universellement répandue aujourd'hui, ne date guère que de Rousseau. Jamais, avant *le Contrat social*, elle n'avait été théoriquement formulée. Depuis *le Contrat social,* ce n'est plus une doctrine, encore une fois, c'est un dogme; c'est une des figures d'angle de l'arche sainte.

L'Église l'a condamnée, disent les catholiques.

Peut-être pas si nettement et si irrévocablement. Supposez que cela soit : elle n'a pas condamné, loin de là, la seconde doctrine, celle de la souveraineté aliénable, de la souveraineté initiale du peuple.

On pourrait la suivre à la trace dans les livres des théologiens. C'est la doctrine de l'ancienne Sorbonne, de Bellarmin, de Suarez, de Bossuet lui-même, des écrivains religieux du xviiie siècle. C'est la doctrine des encycliques.

Mais il y a quelque chose de plus : l'idée de souveraineté, isolée de toute doctrine, de toute forme particulière, est une idée théologique. Souveraineté du peuple, souverainetédu prince, ce sont deux faces de la même question, deux expressions de la même abstraction. Entre Jean-Jacques Rousseau et le comte Joseph de Maistre, on donne le choix pour une épingle.

Ainsi se trouvent écartées d'un seul coup, comme n'ayant de racines que dans l'abstrait, les deux doctrines du droit divin des rois et la souveraineté du peuple, l'idée même de souveraineté, idée théologique et, par surcroît, usée à force d'avoir vieilli.

La doctrine, qui nous occupe plus spécialement,

de la souveraineté du peuple, est également vieille et caduque, si l'on se place à un autre point de vue.

Elle était liée, cette doctrine, à la théorie du contrat social. La société étant issue d'un contrat, il fallait bien, pour que le contrat fût valide, qu'à chacun de ses membres appartînt la souveraine liberté, c'est-à-dire la souveraineté et, pour que le contrat fût exécuté, il fallait bien que dans l'ensemble résidât la somme du droit et de la puissance, c'est-à-dire encore la souveraineté.

La doctrine du contrat social appelait, on le voit, pour complément, celle de la souveraineté du peuple et ne se concevait qu'avec elle. Par contre, la doctrine de la souveraineté du peuple se rattache indissolublement à la théorie du contrat. Elle a partagé sa faveur; elle ne saurait s'en séparer, lorsqu'est venue la déchéance.

Qui, maintenant, se pose en champion résolu, et guerroyant à visière découverte, de la théorie du contrat social? Personne ou à peu près personne. C'est une chose morte, dont on essaye à peine et de loin en loin, furtivement, de sauver, de galvaniser un lambeau. C'est une chose morte, à laquelle on ne peut rendre un peu de vie, — et quelle vie ! — que par des amalgames, des accouplements monstrueux.

Il est très malaisé de réussir dans cette besogne, car ce qu'on veut marier, c'est la vieille idée de contrat avec l'idée nouvelle d'organisme (1). On aura beau faire ; le contrat social gît à terre, le bon sens et l'histoire l'ont tué. Jean-Jacques Rousseau reste tout seul et sans fidèles, sur le piédestal où l'ont mis les hommes de la Révolution. Son autel est abandonné ; il n'était que temps. Le contrat social n'a plus d'adeptes et ne fait plus de prosélytes.

Mais, cette doctrine étant délaissée, de quelle manière et pour quelle raison subsisterait la notion, qui en dérive, de la souveraineté du peuple ? Nées le même jour, elles ont vieilli du même train. Nées le même jour, vieillissant du même train, elles devaient finir le même jour.

Idée théologique, idée vieillie et usée, idée fausse et absurde, pour peu qu'on la poursuive jusqu'au bout : précisément, sa fausseté se démontre par son absurdité.

---

(1) D'une union aussi mal assortie, il n'est jusqu'à présent issu qu'un enfant bossu et bancal, que l'on a affublé du nom, bizarre autant que sa bizarre personne, d'*organisme contractuel*. Organisme contractuel, quelle espèce de bête est-ce là ?

Voilà cent ans qu'on crie sur tous les toits, qu'on affiche sur toutes les murailles : « La souveraineté du peuple, le peuple souverain. » Nous en avons les yeux lassés et les oreilles rebattues.

Soit pour quelques instants : le peuple est souverain. Qu'est-ce qui marque au dehors et affirme la souveraineté ? Les philosophes, les jurisconsultes répondent que c'est la volonté exprimée par des actes. Mais la volonté du peuple souverain, par quel moyen, par quel acte s'exprime-t-elle ? Par le suffrage, par le vote.

Quand vote le peuple ? Une fois tous les quatre ans. D'où l'on est fondé à conclure qu'il est souverain une fois tous les quatre ans.

Dans le moment même où il vote, à quoi se borne sa souveraineté ? A préférer de deux ou trois candidats l'un, et, s'il sait lire, l'un ou l'autre de deux ou trois programmes.

Il a, durant le mois qui vient de s'écouler, goûté quelques heures assez douces : on l'a gorgé de mangeries et de buveries, caressé, flatté, supplié, enveloppé, enguirlandé, accablé de promesses et, à l'occasion, de cadeaux ; bimbeloterie pour les femmes et friandises pour les enfants, tout candidat a sa pacotille, comme tout négrier.

Le peuple a réellement été souverain : il a eu ses courtisans, de beaux messieurs, chapeau bas et échine courbée. — « Nommez-moi ; je vous donnerai plus de beurre que de pain. — Moi, plutôt ! je remplacerai le pain par de la brioche. » Lui, bon garçon, bon prince, ou bon calculateur, s'est laissé faire. Il a pesé les offres, encouragé les surenchères et souvent reçu de toutes mains. Que le métier de souverain est un charmant métier !

Le peuple souverain se le dit en allant aux urnes, le dimanche fixé pour l'élection. Il passe encore, ce dimanche-là, une grisante matinée. C'est à qui le tirera par la manche de sa blouse et l'invitera, afin de le catéchiser entre les pots. Tant et si bien que le souverain se présente parfois pour faire acte de souveraineté, pour déclarer sa volonté, dans un état où les souverains eux-mêmes sont incapables d'avoir une volonté.

Le soir, illuminations, pompiers, sérénades, punch de réjouissance et discours. Il n'y a déjà plus que les gros bonnets, que les fleurons de la couronne, aux places assises. Tranquillement, on dépouille le souverain de sa pourpre éphémère et de son sceptre en roseau. Le peuple est roi, cer-

tainement, mais c'est chez le nouveau député
comme chez l'empereur, quand il avait le pape à
dîner :

> ... Les rois sont à la porte,
> Respirant la vapeur des mets que l'on apporte,
> Regardant à la vitre, attentifs, ennuyés,
> Et se haussant, pour voir, sur la pointe des pieds...

Puis le lendemain? Le lendemain, dur réveil.
Si ces souverains d'hier tiennent à voir leur man
dataire, à lui demander l'exécution de la moindre
de ses promesses, qu'ils commencent d'abord par
faire le pied de grue devant la Chambre, en attendant le retour de l'huissier qui a porté leur
bulletin. Enfin, le voici, il revient. « Pour M. Jac-
quot de la Charente! » Huit ou dix souverains,
— une délégation, — se précipitent. « Absent! »
fait l'huissier de son ton placide, et il leur rend le
petit papier.

Nos souverains, légèrement désenchantés, se
regardent les uns les autres, ainsi que des au-
gures, mais sans rire. Que pourraient-ils faire de
plus sage? Lamartine n'a-t-il pas dit, en 1848 :
« Considérez votre puissance; préparez-vous à

l'exercer et soyez dignes d'entrer en possession de votre souveraineté »?

Ils considèrent leur puissance, en se considérant tristement. Mais peut-être, cette puissance, ne s'étaient-ils pas, dans les rites, préparés à l'exercer; peut-être n'étaient-ils pas « dignes d'entrer en possession de leur souveraineté «? Ils l'ont néanmoins possédée et ils en ont fait cet usage.

De quelle dignité, d'ailleurs, leur parle-t-on? Le même Lamartine n'a-t-il pas dit: « Tout Français est citoyen, tout citoyen est électeur, tout électeur est souverain. Le droit est égal pour tous et il est absolu. Aucun citoyen ne peut dire à l'autre: Je suis plus souverain que toi »?

Cela, en effet, aucun d'eux ne peut le dire à l'autre. Mais leur député le leur dit ou même le leur fait dire par l'huissier, qui n'y met pas toujours les formes qu'exigerait l'étiquette des cours.

Au plus vite, par le train le plus proche, ils quittent la grande ville, secouant sur elle la poussière de leurs chaussures, blessés et irrités dans l'âme de se sentir redevenus Gros-Jean comme devant. Peu à peu, les fumées de réunion publique, les brouillards de profession de foi, toute cette piperie de mots qui obscurcissait leur cervelle, toute cette bourdonnante ivresse, se dissipent ; ils se réveillent de leur rêve doré et se voient, sans illusion, tels qu'ils sont.

Des souverains taillés sur ce patron, auxquels aucun de nous ne peut dire : « Je suis plus souverain que toi », on en compterait une dizaine de millions dans notre France démocratique. Est-il permis de demander à quoi, d'un bout à l'autre bout de l'année, ils occupent leur souveraineté ?

Jetez les yeux autour de vous : il y en a qui font des livres ; il y en a qui font des habits ; il y en a qui rendent des jugements ; il y en a qui rédigent des actes ; il y en a qui font pousser le blé, il y en a qui l'écrasent, le pétrissent et le cuisent ; il y a des médecins, avocats, bouchers, quincailliers, et ainsi de suite, de l'A jusqu'au Z, dans le *Dictionnaire des professions*.

Ces dix millions de souverains se livrent à un millier d'occupations qui n'ont évidemment rien d'avilissant, — pas de travail qui avilisse, — mais qui, non plus, n'ont rien de noble et, à plus forte raison, de souverain.

Où prenez-vous dans le notariat, la pharmacie, l'enseignement, les contributions indirectes, les multiples parties de l'industrie et du commerce, où trouvez-vous « la puissance de la nation, considérée dans sa majesté et dans sa force suprêmes » ? Et, si vous ne l'y trouvez pas, où prenez-vous la souveraineté du peuple, puisque le peuple, c'est vous, c'est moi, et que la souveraineté, c'est cela : « la majesté et la force suprêmes » ?

Dieu me garde d'exciter, comme dit le code, au mépris d'une classe quelconque de citoyens ! Je ne veux que montrer, par des exemples, que l'idée de souveraineté est fausse en elle-même, absurde à ses extrêmes limites ; et de ce qu'elle est fausse, de ce qu'elle devient facilement absurde, je conclus qu'il ne saurait être indispensable de la conserver.

On n'ignore pas tout ce qu'un notaire, tout ce qu'un pharmacien ont d'utile, mais on ne peut s'imaginer ce qu'ils ont de « majestueux ». On ne découvre pas en eux les attributs de la souveraineté, ni la dignité publique suprême, la majesté, ni la plénitude de la puissance publique, ni la puissance la plus élevée dans l'État ; on ne les découvre, ces attributs, ni en eux pris séparément, ni en eux pris collectivement.

Conclusion, encore la même, point de souveraineté du peuple. Mais quelque chose d'aussi grand, d'aussi large, et de bien plus vrai.

S'il y avait souveraineté, ce serait une souveraineté intermittente, puisqu'elle n'a que tous les quatre ans l'occasion de s'exercer ; une souveraineté infiniment restreinte, puisque le peuple souverain n'a que le droit de choisir ses représentants ; une souveraineté très précaire, puisqu'elle cesse de fait avec l'élection et que, la part faite aux grossissements du style, la phrase de Rousseau sur le peuple anglais s'applique à tout peuple prétendu souverain.

« Le peuple anglais pense être libre, il se trompe fort ; il ne l'est que durant l'élection des membres du Parlement ; sitôt qu'ils sont élus, il est esclave, il n'est rien. »

Devrions-nous pousser plus loin et ajouter avec Rousseau : « Dans les courts moments de sa liberté, l'usage qu'il en fait mérite bien qu'il la perde » ?

Ce n'est pas la liberté qui est présentement en cause, c'est la souveraineté. Mais la souveraineté elle-même n'est plus en cause : nous venons de montrer qu'il n'y a pas de souveraineté.

Il y a autre chose, quelque chose qui n'est pas intermittent, qui ne s'arrête pas, qui était hier et qui sera demain, qui était avant nous, est en nous, sera après nous ; quelque chose qui n'est pas restreint, qui embrasse tout et en quoi tout se résume, quelque chose qui n'est pas précaire, qu'il n'est donné à rien ni à personne de suspendre, de diviser ou de détruire, dont on ne peut mesurer ni l'étendue ni la durée, qui est force suprême et majesté suprême, et qu'il n'est pourtant pas besoin d'appeler souveraineté.

Ce quelque chose, appelons-le purement et simplement la *vie nationale*.

(c) QUE L'IDÉE DE VIE NATIONALE SUFFIRAIT

Point de souveraineté, d'un prince ou du peuple ; point de droit divin régalien, ni de droit divin populaire. L'idée est fausse et elle est vieille. L'idée de « vie nationale » répond incomparablement mieux à l'état actuel de nos connaissances. Et si, à l'idée de contrat, tombée dans un discrédit général, était liée l'idée de souveraineté, à la notion d'organisme, généralement adoptée aujourd'hui avec plus ou moins de restrictions et de réserves, est liée l'idée de vie.

Un organisme n'est pas souverain, il est vivant.

En adoptant cette notion plus moderne et ce terme moins ambitieux de vie nationale, nous ne faisons que mettre en harmonie deux articles de nos croyances sur la nature et les fonctions de la société.

Ce ne serait pas, nous en convenons, une raison pour nous déterminer, si l'idée de souveraineté, quoique vieille, était, comme quelques-uns le pensent, nécessaire. Mais que l'on y réfléchisse et l'on se convaincra que l'idée de vie suffit à tout.

La nation est-elle souveraine ? On ne s'en préoccupe pas ; elle vit. Tout le monde vit physiquement dans la nation. Dès lors tout le monde a le droit d'y vivre politiquement, pourvu qu'il en ait les moyens et dans la mesure de ces moyens, en obéissant à la loi.

Égale accessibilité de tous aux emplois et aux dignités et, pour y parvenir, égale liberté, libre concurrence par les moyens légaux. Que celui qui ne peut être qu'électeur soit électeur ; s'il peut être conseiller municipal, conseiller général, député, qu'il soit libre de l'être. Cette libre concurrence, c'est la vie nationale. Plus elle se déploiera, plus la nation vivra ; plus elle vivra, plus elle sera grande, puissante, majestueuse. Il est parfaitement inutile de supposer la souveraineté. La vie suffit.

Il n'y a plus à se demander : Où est la souveraineté? et : Qui est le souverain ? La vie est dans
la nation et dans tout membre de la nation.
Chacun y vit comme il peut et le plus qu'il peut,
physiquement et politiquement. Cette conception
de la vie nationale est peut-être moins noble que
celle de la souveraineté du peuple, mais elle a sur
elle l'avantage d'être plus conforme à la réalité,
ce qui n'est jamais négligeable.

Mais, dira-t-on, ce n'est là qu'une logomachie,
qu'une querelle de mots : souveraineté du peuple
ou vie nationale, quelle si importante différence y
faites-vous?

La critique serait fondée si le mot et l'idée de
souveraineté n'étaient après tout , qu'inutiles.
Elle ne l'est point, parce que l'abus de ce mot et
les déviations de cette idée ne sont ni sans inconvénients, ni même sans périls.

Je classe parmi les sophismes la théorie de la
souveraineté du peuple, parce que c'est une erreur,
à son premier degré et que, à son deuxième degré,
elle peut devenir la cause des pires erreurs, non
seulement de raisonnement, mais de conduite.

Fausse en elle-même, l'idée de la souveraineté populaire ne peut, dans une démocratie, que fausser et pervertir l'esprit public ; elle ne peut que donner au peuple (et à chacun de ceux qui composent le peuple) un sentiment exagéré de ses droits, et que lui laisser un sentiment trop faible de ses devoirs. Elle le place fatalement sur l'échelle descendante : souveraineté, caprice, despotisme. Qu'on ne l'oublie pas : le peuple souverain et le prince souverain peuvent, aussi bien l'un que l'autre, être Néron ou Héliogabale.

Il reste une dernière objection, dont nous ne sommes pas embarrassés de nous défaire. Comment alors justifier le suffrage universel, qui est l'expression de la volonté et par suite de la souveraineté nationale ?

Le plus facilement du monde. Au lieu de *volonté nationale,* nous dirons *activité nationale*; au lieu de *souveraineté*, nous dirons *vie.*

Nous dirons que le suffrage universel est l'expression de *l'activité*, par suite de la *vie* nationale. Et il n'y aura rien de changé. Il n'y aura qu'une idée fausse de moins et une idée juste de plus.

CHAPITRE IX

SOPHISMES OU MALADIES DU SUFFRAGE UNIVERSEL

(*a*) LE SUFFRAGE UNIVERSEL ET LA PHILOSOPHIE POLITIQUE

Mon premier mot sera pour dire que je ne veux pas m'insurger contre le suffrage universel. Je sais qu'il ne sert à rien de s'insurger contre les faits et que, depuis quarante-cinq ans, le suffrage universel est un fait. Mais il a ses inconvénients, ses défauts, ses dangers, qu'il faut signaler. Il y a des corrections à y faire.

Théoriquement, les défauts du suffrage universel ne sont que trop bien établis; historiquement, ils crèvent les yeux, par des exemples que nous n'avons pas encore eu le temps d'oublier. Une foule d'auteurs grands ou petits les ont signalés, diagnostiqués, décrits en une multitude de livres et de brochures, dans les revues, dans les journaux eux-mêmes où, tour à tour, on flatte le suffrage universel et on l'injurie, ce qui est, injures ou flatteries, lui témoigner un égal mépris. Ces auteurs sont, du reste, venus des quatre coins du monde intellectuel et du monde social ; ils appartiennent à tous les partis, professent les opinions les plus diverses, sont aussi éloignés l'un de l'autre que le sont entre eux les deux pôles.

A tout seigneur tout honneur. Citons d'abord Bluntschli, qui est comme l'un des Pères de la philosophie politique. Bluntschli est né Suisse, devenu Allemand, et se ressent de cette double origine. Il ne détesterait pas une république parlementaire, mais ses préférences sont pour une monarchie constitutionnelle, qu'il serait tenté d'appeler, lui aussi, la meilleure des républiques. Il est protestant et antijésuite, on n'ose dire anticlérical. Il aperçoit en tous lieux des jésuites et des complots de jésuites. Le suffrage universel, tout simple, tout droit, tel qu'il est pratiqué, sans plus de précautions, lui paraît être une niche à jésuites. C'est un de ses travers. Mais l'autorité de Bluntschli est considérable. Dans le long extrait que nous allons donner, il pose la question clairement et sous toutes ses faces :

L'extension du vote à toutes les classes, écrit-il (1), répond aux tendances démocratiques du siècle. Au rebours des idées du moyen âge, les peuples modernes aiment à construire l'État d'en bas, en l'appuyant sur le large fondement des masses. Le suffrage accordé à tous semble une conséquence nécessaire de la qualité générale de citoyen de l'État, qui a remplacé les distinctions d'ordres et de classes, et un complément naturel du service militaire, de l'impôt, de l'instruction primaire, obligatoires pour tous.

Et cependant le droit de suffrage n'est point un droit naturel de l'individu, comme e prétend *le Contrat social*, mais un droit public dérivé de l'État, n'existant que dans l'État, ne pouvant exister contre lui. C'est comme citoyen et non comme homme que l'électeur vote ; il ne tire pas son droit de lui-même, des nécessités de son existence ou de son développement personnel, mais de la Constitution et pour le bien de l'État... C'est uniquement pour avoir une représentation capable de la nation que le vote est donné aux citoyens. Le droit ne va pas de soi, comme au profit d'associés. Si le suffrage universel doit évidemment amener une représentation incapable, il doit être aboli...

En général et dans les temps ordinaires, le suffrage universel fortifie l'autorité déjà prépondérante. Républicain dans la république, il sera monarchiste, impérialiste ou aristocratique ailleurs. Mais, dans les crises, il change parfois brusquement de direction et perd le gouvernement qui comptait sur lui. Tel qu'il est aujourd'hui

____

(1) Bluntschli : *la Politique*, traduite par A. de Riedmatten. — Guillaumin et Cie.

pratiqué, il dissout les masses dans leurs éléments ato-
miques, entasse arbitrairement ces atomes dans de vastes
circonscriptions, les livre à tous les vents, et les voix des
électeurs s'élèvent en tourbillons de poussière, suivant
la direction de la tourmente. On en a fait l'expérience en
Amérique, en France, en Suisse...

Une meilleure organisation des divisions électorales
pourrait en partie parer au mal. Ce qui est plus difficile,
c'est de réagir contre l'incapacité ou l'ineptie des électeurs... Un signe externe, caractéristique de la capacité,
manque donc jusqu'à ce jour. Comment reconnaître si
tel bon paysan n'obéira pas aveuglément à son curé,
même en politique; si tel ouvrier est un communard ou
un bon citoyen ?...

J'ai tenu à ne pas retrancher une ligne de cette
page magistrale de Bluntschli. Il faut y ajouter
quelques judicieuses observations d'Émile de Laveleye. L'éminent publiciste belge était, — qui ne
le sait en France ? — l'homme de tous les libé-
ralismes. Il avait dans l'esprit tant de générosité
que même il y avait peut-être un peu de chimère.
Voici ce qu'il a écrit, dans son dernier ouvrage (1),
sur le suffrage universel :

Voter, dit-on, est un droit naturel. Erreur. Voter n'est
pas disposer de soi et agir librement, c'est prendre part

____

(1) Emile de Laveleye : *le Gouvernement dans la démocratie*,
t. II, p. 19.

au gouvernement et à l'administration des intérêts de tous. La première condition à l'exercice du droit de suffrage est donc la capacité de discerner quelles sont les lois favorables et à l'intérêt même de celui qui vote et à l'intérêt de tous...

Le droit de voter n'est pas un attribut nécessaire de la personnalité humaine. Ce qui le détermine et le confère, c'est la capacité de bien voter, c'est-à-dire de bien choisir. Pour être bien chaussé, bien habillé, on s'adresse à un cordonnier, à un tailleur, qui savent leur métier. Pour avoir de bonnes lois, on doit de même s'adresser à celui qui est le plus capable de les faire. Mais le libéralisme, la générosité de M. de Laveleye se révoltent contre ces infériorités, contre ces défectuosités du suffrage universel, qu'il est bien obligé de constater scientifiquement. Son impartialité, d'ailleurs, le pousse à protester, et il le justifie de son mieux.

Quand le peuple tout entier participe par ses élus à la confection des lois, il ne peut plus prétendre qu'elles sont faites au profit d'une caste ou d'une classe. La bonne gestion des affaires publiques étant de l'intérêt de tous, il est désirable que tous y exercent leur légitime part d'influence. Au surplus, l'exercice du droit de suffrage relève la dignité de l'homme. Le suffrage universel est pour le peuple la meilleure école d'éducation politique.

Pourtant, M. de Laveleye est fort embarrassé. Comment se défaire, en effet, des objections de son ami le sénateur italien Pantaleoni ?

Oui, s'écriait ce terrible homme avec toute son éloquence et sa fougue méridionales, oui, tout doit être fait en vue du plus grand nombre, mais par le plus petit nombre. Parlez-moi de cette dangereuse sottise, le suffrage universel ! Comment est-il possible que des gens éclairés et qui se croient sensés veuillent remettre la direction de cette machine si délicate et si prodigieusement compliquée, le gouvernement d'un État moderne, aux décisions de la foule, c'est-à-dire aux égarements de l'ignorance et de l'imprévoyance ?

A choisir entre deux absurdités, j'aime encore mieux l'infaillibilité du pape que celle du peuple. Les partisans du nouveau dogme catholique n'invoquent pas la raison : ils croient au surnaturel ; mais les partisans de la souveraineté des masses ne peuvent invoquer le mystère. Ils affirment un non-sens visible, palpable. En ce moment, est-ce que le peuple, dont la moitié ne sait ni lire ni écrire et dont certes plus des trois quarts ne lisent pas, est capable d'émettre un jugement réfléchi sur les graves problèmes que doit trancher la législation ?

Un peu plus loin, Diomède Pantaleoni charge à fond sur « ce troupeau de bipèdes encore plongés

dans les ténèbres de la pierre brute du miocène »,
que d'autres saluent du titre de *peuple souverain*,
atteints qu'ils sont de « l'épidémie particulière à
notre temps, le *morbus democraticus* ».

Oui la démocratie s'impose, je l'admets. Mais le gouvernement des démocraties doit être confié à l'aristocratie intellectuelle. Guizot, je crois, a dit un jour avec raison : « Tout pour le peuple, rien par le peuple (1). »

M. de Laveleye se sent ébranlé par d'aussi vio-
lentes secousses. Sa conclusion est triste et inquiète : « Le suffrage universel et le règne du
nombre mènent fatalement à une situation où la
société demandera son salut au césarisme et à l'armée. » Il cite le mot de Proudhon (2) : « Il est
certain que nos dix millions d'électeurs se sont
montrés, depuis 1848, en intelligence et en caractère, inférieurs aux trois cent mille censitaires de
la monarchie de Juillet. » Cela ne saurait être
contesté. Mais comment se tirer d'affaire ?

« Oui, soupire M. de Laveleye (mais ce oui est
bien moins énergique que les oui contraires de

(1) Cicéron avait dit, à peu près dans les mêmes termes :
*Tenuit igitur hoc... ut in populo libero pauca per populum,
pleraque senatus auctoritate gererentur.*
(2) *De la Capacité politique.*

Pantaleoni), oui, le suffrage universel est chose désirable, il est le but à atteindre, mais il doit avoir pour condition l'instruction universelle et la propriété universalisée. L'égalité des droits politiques et l'inégalité des conditions sociales est le grand péril des démocraties modernes. » — Oh ! oh ! le dilemme est gênant : car il faudrait alors, pour trouver l'équilibre, ou l'inégalité des droits politiques ou l'égalité des conditions sociales. N'est-ce pas qu'il ne s'agit plus de l'égalité platonique, négative, bourgeoise, de l'égalité devant la loi ?

Herbert Spencer, Sumner Maine, les Anglais, ne le cèdent point à Blunstchli en vigueur et en netteté. Sumner Maine a fait là-dessus tout un livre, *Essais sur le gouvernement populaire*, qui est la concision et la précision mêmes. Chez nous, M. Paul Laffitte (1) et M. Gaston Bergeret (2), l'un avec un sens très ferme et très fin, l'autre avec une aimable et sceptique ironie, ont écrit d'excellents morceaux. Se mettre à leur emprunter serait allonger indéfiniment ce préambule déjà si chargé. A noter néanmoins cette réflexion de M. Bergeret :

(1) *Le Suffrage universel et le Régime parlementaire.*
(2) *Principes de politique.*

Le suffrage universel a deux vices. En voulant que tout se fasse pour le peuple, il prétend obtenir une égale répartition par tête de tous les avantages sociaux, ce qui exclut toute amélioration sélective ; en voulant que tout se fasse par le peuple, il méconnaît le rôle nécessaire des compétences spéciales. Dans un État où le suffrage universel donnerait son plein effet, toutes les situations seraient médiocres, et le gouvernement serait l'expression exacte de la médiocrité commune.

Et, pour finir, l'avis d'un théologien catholique, don Raphaël Rodriguez de Cepeda (1) :

Le suffrage universel soumet à l'arbitrage d'une multitude ignorante et incapable de comprendre des affaires aussi complexes que celles de la politique les questions les plus importantes et les plus délicates. Il s'en suit que le suffrage universel ne reflète pas l'opinion réelle du pays, mais celle de quelques agitateurs, ce qui engendre l'abstention des éléments les plus capables, et qu'il est souverainement variable, au point qu'il jette par terre aujourd'hui ce qu'il a exalté hier.

On prétend couvrir tous ces défauts par la force du nombre et des majorités ; mais même abstraction faite de cette considération que, bien des fois, les majorités ne sont que des minorités à côté des citoyens qui se sont abstenus ou ont été vaincus, le nombre ne saurait changer la nature des choses, et comme le dit Taine : « Dix millions d'ignorances ne font pas un savoir. »

(1) *Eléments de droit naturel*, traduct. Aug. Onclair, p. 577-579.

L'empereur Napoléon III s'exprimait plus brutalement : « Le suffrage universel, disait-il, c'est
une bêtise, mais qui fera le tour du monde. » —
Erreur, dit Laveleye ; *sottise*, disait Pantaleoni ;
bêtise, a dit Louis-Napoléon. A tous on peut répondre, à tous on doit répondre que c'est un fait ;
que c'est folie de s'insurger contre les faits, qu'il
ne s'agit pas de supprimer le suffrage universel
mais de le régler, et, en l'organisant, d'atténuer
ses inconvénients reconnus.

Tout ce qu'on a dit serait-il vrai, y compris
l'aphorisme de Louis-Napoléon, que le suffrage
universel n'en serait pas moins un fait, car une
erreur, une *sottise*, ou une *bêtise* peut être un
fait. Mais tout ce qu'on a dit est-il vrai, et, s'il y
a tant de bonnes raisons pour accuser le suffrage
universel, n'en saurait-on trouver aucune pour le
défendre? Plusieurs publicistes l'ont essayé, et
parmi eux, et à leur tête, M. Courcelle-Seneuil.

On le croira aisément, M. Courcelle-Seneuil ne
s'évertue pas à donner au droit de suffrage un

fondement mystique. Il est de cette école qui pense que « le droit de suffrage appartient à ceux « qui le prennent » ; que « le suffrage universel a « toute la force d'un fait » ; qu'il existe « parce que le peuple en armes l'a établi et opposerait la résistance de l'émeute aux tentatives qu'on ferait pour le lui ravir ». Il est de l'école historique, il en est l'un des chefs :

En France, au moment de la Révolution (1), on supposa que les contribuables mâles, d'un certain âge, possédant un certain revenu apparent et stable, seraient les hommes les plus propres à excercer la fonction d'électeurs, et on la leur attribua.

Plus tard, on a cru convenable de diminuer ou d'augmenter leur nombre en ne reconnaissant comme électeurs que ceux qui payaient 300 francs ou 200 francs de contributions directes. *Ces diverses formes de droit électoral ont donné des résultats assez semblables et n'ont jamais donné de résultats que l'on puisse qualifier de mauvais.* Sous les divers systèmes, les électeurs ont commencé par appuyer de leurs votes le gouvernement établi et fini par lui témoigner, à très juste titre, leur mécontentement. Mais les opposants, appelés à succéder au gouvernement renversé, après avoir blâmé pendant des années les lois électorales, se sont crus obligés à augmenter le nombre des électeurs jus-

____

(1) J.-G. Courcelle-Seneuil : *Préparation à l'étude du droit.* — Guillaumin, 1 vol. in-8°.

qu'à ce qu'on ait attribué le droit de vote à presque tous les citoyens majeurs. C'est ce que l'on a appelé le «suffrage universel ».

Ainsi s'est opéré, d'après M. Courcelle-Seneuil, l'établissement de « ce que l'on a appelé le suffrage universel ». Le suffrage universel est basé sur cette hypothèse que, l'intérêt de la nation et leur intérêt propre étant d'être bien gouvernés, « les électeurs choisiront ceux qui, à leur jugement et suivant l'état de leurs lumières, seront les plus capables de gouverner. Cette présomption peut, à tel ou tel moment de l'histoire, n'être pas justifiée par l'expérience, mais il nous semble difficile, en règle générale, d'en admettre une autre ».

Une objection s'élève de toutes parts : « Le suffrage universel attribue une valeur égale au vote du citoyen le plus éclairé et à celui du citoyen le moins éclairé. Quelle injustice ! » L'objection est spécieuse et même fondée dans une certaine mesure. Est-elle décisive ? Pas du tout. Elle ne le serait que s'il était possible de définir, en termes précis, la capacité politique et de désigner, en termes juridiques, une classe de citoyens possédant cette capacité...

En France, on ne peut rencontrer une classe semblable, ni quoi que ce soit qui en approche. Dans tout le cours de son existence, qui a été longue, la noblesse française s'est distinguée par l'absence de toute capacité politique, et c'est cette incapacité des nobles qui a causé l'établissement du pouvoir absolu des rois. Depuis que la noblesse a cessé d'exister, les descendants des anciens nobles, et plus encore les prétendus nobles de toute origine et de toute couleur, ont persisté à élever et à soutenir des intérêts privés distincts de ceux de la nation, à laquelle ils sont devenus odieux.

Les électeurs censitaires qui, de 1815 à 1848, ont disposé du gouvernement, ont imité les nobles ; ils n'ont vu dans la possession du pouvoir souverain qu'un moyen d'acquérir ou d'augmenter leur fortune privée, et lorsque le suffrage universel a été décrété, les masses populaires appelées à la possession du pouvoir ont trop souvent imité les nobles et les bourgeois...

Ducs à brevet et hobereaux, gens d'épée, gens de robe, courtauds de boutique et rustres, manants de plat pays, ceux que l'on a nommés les grands bourgeois et ceux que l'on nomme les ouvriers, M. Courcelle-Seneuil met tout dans le même sac. Il n'aurait garde de soutenir ce paradoxe que le suffrage universel est plus sage, plus éclairé que le suffrage censitaire ; il affirme seulement qu'ils ne le sont pas plus l'un que l'autre, que l'un ne vaut pas mieux que l'autre, que ni l'un ni l'autre ne vaut cher. On a parlé d'égalité. Il y a, en effet, entre les citoyens des différentes classes, une certaine égalité : l'absence trop fréquente d'éducation politique.

Dans toutes les catégories de citoyens, il y a des individus, même en assez grand nombre, qui auraient la capacité politique ; mais à considérer les masses, on reconnaît avec tristesse qu'en cette matière il n'y a pas plus de lumières chez les savants que chez les derniers des illettrés. A ce point de vue, tous sont aussi égaux qu'il est possible, et c'est ce qui justifie pleinement le suffrage universel de l'accusation que nous avons mentionnée.

On peut donc indifféremment, si l'on recherche la qualité, adopter le suffrage restreint ou le suffrage universel. Le suffrage universel n'a qu'une supériorité sur le suffrage restreint, et c'est tout justement qu'il est *universel*. Ce qu'il n'a pas de plus en qualité, il l'a de plus en quantité. M. Courcelle-Seneuil est d'avis que c'est un mérite qui a son prix : « Il permet de constituer légalement le pouvoir souverain de manière à lui donner l'autorité qui, dans l'état actuel de nos idées, est la plus incontestée, celle dont la source se rapproche le plus possible de l'assentiment de tous. »

Vous avez bien lu : *le plus possible, la plus incontestée*. Par suite, aux yeux de M. Courcelle-

Seneuil, le suffrage universel ne jouit que d'une préférence et non d'une préexcellence ; ses avantages sont tout relatifs. Sujet, même théoriquement, à discussions et à critiques, il offre dans la pratique toute sorte d'inconvénients ; il est comme la souche sur laquelle viennent se greffer toute sorte d'idées fausses, d'erreurs fertiles en conséquences mauvaises, qui constituent proprement autant de sophismes.

Mais ces idées fausses, ces erreurs qui viennent se greffer sur le suffrage universel, ne sont pas le suffrage universel ; elles ne lui sont pas inhérentes, elles sont comme ses parasites ; elles peuvent en être retranchées, il peut en être débarrassé. De ces sophismes, nous en retenons quatre, qui peuvent être formulés comme il suit :

1° Le droit de suffrage est un droit naturel ;

2° Le suffrage universel est la manifestation de la souveraineté populaire ;

3° Le suffrage universel confère à l'élu un mandat ;

4° Le suffrage universel doit être égal et uniforme pour tous.

(c) SOPHISMES DU SUFFRAGE UNIVERSEL

1° Si le suffrage est de droit naturel, pourquoi la moitié et plus de la moitié de l'espèce humaine en est-elle privée? Pourquoi les femmes et les enfants ne votent-ils pas? Pourquoi les mâles n'entrent-ils que lorsqu'ils sont adultes ou majeurs en possession de ce droit naturel? Pourquoi n'y a-t-il guère que cent ans que ce droit naturel a été proclamé pour la première fois et à peine quarante-cinq ans qu'il est définitivement reconnu? Comment se fait-il que ce droit naturel puisse être (dans le cas d'indignité) aboli par une décision judiciaire, par une prescription du droit positif?

Si l'homme possède en tant qu'homme le droit de suffrage, si ce droit est « tiré de lui-même, des nécessités de son existence ou de son développement personnel (1) », comment des juges qui ne sont, eux aussi, que des hommes, pourraient-ils le lui enlever?

Il est inutile d'insister. La preuve que le droit

(1) Bluntschli: *Politique* ; voy. plus haut.

de suffrage n'est pas un droit naturel, on le répète, c'est que les femmes et les enfants ne l'ont
pas, que les hommes ne l'ont qu'après vingt et un
ans, qu'il n'y a qu'un demi-siècle qu'ils l'ont. La
preuve que la loi civile l'institue, c'est que la loi
pénale le fait perdre.

*2° Le suffrage universel est la manifestation
de la souveraineté populaire.* Faut-il recommencer à expliquer ici que la conception de la souveraineté est vieille, usée, risque d'être absurde,
est inutile et grosse de menaces? La souveraineté
populaire se résumerait dans le droit de suffrage
et s'exercerait pendant quelques heures, une fois
tous les quatre ou six ans.

D'ailleurs, en dépit de Rousseau, le vote n'est
pas la déclaration de la volonté générale. Le vote
est simplement le choix d'une personne. Par le
vote, les électeurs ne disent pas : « Nous voulons telle chose. » Du moins, ils ne le disent qu'in-
directement, en nommant telle personne. Triste
souveraineté que celle qui est à ce point intermittente et bornée à ce point!

Non, le suffrage universel n'est pas la manifestation de cette souveraineté dérisoire. La souveraineté fût-elle réelle, qu'il n'en serait pas encore

la manifestation. Non, le vote n'est pas une déclaration de volonté, c'est un choix. C'est une manifestation de vie, d'activité politique.

3° Y a-t-il un mandat conféré à l'élu (élu, de
electus, choisi)? M. Courcelle-Seneuil montre très
bien que c'est là une intrusion des habitudes et de
la langue du droit civil dans le droit public électoral.

L'élection, le choix, n'implique nullement le
mandat. Quand le député est élu, le rôle de l'é-
lecteur est fini. Quand le mandataire est nommé,
le rôle du mandant ne s'arrête pas. Le mandat est
quelque chose de précis ; il a un objet défini, déterminé. Le mandant dit au mandataire : « Vous
ferez cela. » Il le lui dit formellement, quelle que
soit au reste l'étendue des pouvoirs qu'il lui donne. Et le mandataire, qui doit faire cela, ne peut
rien faire en plus, en moins, en deçà, au delà ou
à côté.

Le mandant dicte le mandat, que le mandataire
ne fait qu'accepter. Dans l'élection, les candidats
soumettent aux électeurs, qui vont choisir, des
échantillons de leur savoir-faire, leurs personnes
et leurs programmes. Et puis c'est tout. Malgré
les fictions courantes, l'élu devient immédiate-

ment indépendant de l'électeur ; il devient même, en une certaine mesure, son maître, puisque c'est lui qui fait les lois. En droit civil, le mandataire et le mandant sont connus, désignés d'une manière certaine, toujours faciles à retrouver. L'élection faite, qui se flatterait de retrouver le mandant ? Il est anonyme, insaisissable, variable.

Une caractéristique du mandat, c'est de pouvoir sans cesse être révoqué, au gré du mandant. L'élection ne peut être révoquée, au gré de l'électeur. L'élu est régulièrement investi pour toute la durée de la législature. Il ne peut être frappé de déchéance par les électeurs mécontents. On voit qu'il n'y a pas de mandat dans l'élection ni de comparaison possible entre l'élection et le mandat. Les candidats se présentent, exposent leurs vues et leurs projets, s'ils en ont; l'électeur choisit. C'est toute la puissance et tout le soin de l'électeur: toute sa puissance est de choisir et tout son soin doit être de bien choisir.

4° On ne voit pas, en vérité, pour quel motif impérieux il faut que le suffrage universel soit égal et uniforme. Égal, oui, j'y consens: que tout le monde ait voix au chapitre. Que tout le monde y ait sa voix, une voix. *One man, one vote.* Mais l'uniformité de la plaine, du désert, de la table rase, pour quel motif et à quoi bon? Pourquoi faut-il que tous les suffrages se ressemblent et tombent un à un comme toutes les gouttes d'eau?

Qu'est-ce, d'après notre analyse, que le suffrage universel? Une simple manifestation de vie et d'activité politique. Est-ce que la vie, est-ce que l'activité est uniforme? N'est-elle pas, au contraire, multiforme? N'a-t-elle pas autant de manifestations qu'il y a de milieux et d'individus?

Où conduit l'uniformité, si ce n'est à la médiocrité? Mais nous touchons alors aux inconvénients, aux dangers du suffrage universel, énumérés tout au long et fort exactement décrits par les auteurs que nous citons plus haut. Pour ces quatre sophismes, ils s'enchaînent entre eux et découlent l'un de l'autre, dans l'ordre suivant:

Le peuple est souverain par droit naturel; le suffrage est la manifestation extérieure de cette souveraineté, donc le suffrage aussi est de droit naturel; tous les citoyens participent également à ce droit naturel, donc tous sont également électeurs et de la même manière; la souveraineté réside dans le peuple, c'est-à-dire dans les électeurs; l'élu ne la reçoit que par délégation, donc il est le mandataire des électeurs, donc l'élection lui confère un mandat.

Otez à ce raisonnement, d'apparence correcte, sa base, les notions erronées et abstraites de la souveraineté et du droit naturel, il s'écroule en moins d'un instant, et ces quatre propositions, tenues si légèrement pour articles de foi, se montrent à l'esprit comme elles sont, comme des sophismes devant lesquels il serait puéril de s'arrêter.

Mais, qu'on ne l'oublie pas, ces sophismes ne sont pas le suffrage universel, ils n'en sont que les excroissances morbides; il ne faut pas craindre de trancher dans le vif. L'opération achevée, le suffrage universel apparaîtra avec quelques inconvénients et quelques imperfections encore, mais maniables, traitables, réductibles. Aucun de ces inconvénients ne sera sans compensation, aucune de ces imperfections ne sera sans remède. Le suffrage universel sera sans doute encore exposé à quelques-unes de ses maladies, mais aucune ne sera mortelle.

(*d*) INCONVÉNIENTS ET REMÈDES PROPOSÉS

L'expérience s'est faite et se poursuit sous nos yeux : le suffrage universel a, nous ne le nierons pas, plusieurs des vices qu'on lui a reprochés. Il n'est exempt ni d'ignorance, ni de fantaisie ; il a parfois été servile et corruptible, capable d'approuver indifféremment les massacres de septembre et les coups d'État de brumaire. Il est d'une simplicité excessive, qui tour à tour le livre à des emportements 'de sauvage et à des adulations d'enfant. Il amène avec lui la mobilité, l'instabilité, la médiocrité. De ces vices qu'on est bien obligé d'avouer, les uns tiennent à son essence même, sont constitutifs ; les autres sont occasionnels et dépendent soit des conditions historiques où il est né, soit du mode défectueux dans lequel il s'exerce. Mobile, instable, corruptible, faiseur de médiocrités, il est à craindre qu'il ne cesse pas de l'être plus ou moins. Mais il faut arriver à ce qu'il le soit le moins possible.

L'observation de M. Courcelle-Seneuil est capitale : « Dans toutes les catégories de citoyens, il y a des individus, même en assez grand nombre, qui auraient la capacité politique ; mais, à considérer les masses, on reconnaît avec tristesse qu'en cette matière il n'y a pas plus de lumières chez les savants que chez les derniers des illettrés. A ce point de vue, tous sont aussi égaux qu'il est possible... »

Ces inconvénients, ces défauts et, en premier lieu, l'ignorance des éléments de la politique, le suffrage universel ne les possède pas uniquement et exclusivement par un privilège peu enviable, par une sorte de privilège au rebours. Mais, enfin, il les a, et c'est assez pour que, le considérant comme un fait, on ne le regarde pas comme un fait absolument anodin et inoffensif, dont il ne saurait sortir rien de fâcheux, rien de nuisible. C'est assez pour qu'il faille chercher à le modifier, à le corriger, car on sent, à n'en pas douter, qu'on ne peut l'accepter définitivement et qu'il ne peut longtemps servir, tel qu'il fonctionne.

Les remèdes, ou du moins les spécifiques, n'ont pas manqué. On a proposé le retour au système censitaire, le vote plural, la représentation proportionnelle, le suffrage à deux degrés. Nous ne croyons pas, quant à nous, qu'aucun de ces remèdes soit infaillible.

D'abord il y en a un qui est inapplicable : le retour au régime censitaire. Il est inapplicable, précisément parce que le suffrage universel est un fait sur lequel il serait vain de vouloir revenir. Pût-il être appliqué, que ce ne serait pas un remède, puisque toutes les accusations qu'on lance contre le suffrage universel, le suffrage restreint les avait méritées : « A ce point de vue, ils sont aussi égaux qu'il est possible. »

Jamais on ne s'imaginerait combien peu le suffrage universel diffère, dans ses caractères principaux, du suffrage restreint. La seule différence, — il est vrai qu'à elle seule elle creuse un abîme entre les deux systèmes, — c'est le nombre des citoyens investis du droit de suffrage.

Tandis que pour les élections du mois d'août 1846, les dernières qui se soient faites sous le régime censitaire, la population s'élevant à 35 401 761 habitants, il n'y avait que 240 983 électeurs inscrits ; aux premières élections qui se soient faites sous le régime du suffrage universel, celles du 23 avril 1848, il y eut 8 220 664 électeurs inscrits, le total de la population restant à peu près le même : 35 574 553 habitants.

Dans le premier cas, le rapport des inscrits à la population était de 68 pour 100 ; dans le second cas, de 23.11 pour 100. C'est là, on ne fait pas difficulté de l'avouer, une différence radicale : il y a différence du tout au tout.

Mais pour le reste ? Pour ce qui est susceptible de donner à l'un et l'autre mode de suffrage son caractère, par exemple pour le zèle des électeurs à remplir leur devoir ou à user de leur droit ?

Voici les chiffres : en août 1846, sous le régime censitaire, on compte 199 827 votants ; le rapport des votants aux inscrits est de 83 pour 100 ; en avril 1848, avec le suffrage universel, on compte 8 220 664 votants ; le rapport des votants aux inscrits est tout à fait le même : 83 pour 100. Mais ce coup d'essai est un coup de maître. Ce rapport de 83 pour 100, le suffrage universel ne le donnera plus ; il oscillera de 64 à 82 pour 100.

On ne veut pas faire prouver à cette statistique plus qu'elle n'est susceptible de prouver. Et, au surplus, il n'en est pas besoin dans une discussion théorique. Qu'est-ce qu'il importe d'atteindre et de constater chez l'électeur ? La capacité de bien choisir. Le cens électoral était-il une garantie de capacité ? Nullement, puisque la propagande révolutionnaire s'est faite, avant 1848, sur le thème fameux de *l'adjonction des capacités*. En serait-il une à l'avenir ? Le bon M. Poirier l'affirmerait encore, en vertu de ce syllogisme : faire sa fortune est une preuve de capacité ; or quiconque fait sa fortune paye à l'État beaucoup d'impôts, donc quiconque paye beaucoup d'impôts a fait preuve de capacité. — Il y a un malheur, c'est qu'il s'agit ici de capacité politique, et qu'autre chose est de gagner de l'argent, autre chose de choisir les hommes. Ce bon M. Poirier est un sophiste sans le savoir.

Mais, si ce n'est pas le cens, quelle sera la marque de la capacité ? Là, vraiment, est le nœud du problème. Bluntschli disait : « Un signe externe de la capacité manque jusqu'à ce jour. » M. Courcelle-Seneuil dit, de son côté : « L'objection qui s'élève de toutes parts contre le suffrage universel, tirée de ce qu'il attribue une valeur égale au « vote du citoyen le plus éclairé et à celui du citoyen le moins éclairé, cette objection ne serait décisive que s'il était possible de définir en termes précis la capacité politique et de désigner en termes juridiques une classe de citoyens possédant cette capacité. »

Du même coup que le retour au régime censitaire, se trouve, par cet argument, enterré le système du vote plural (1), car le vote plural ne pouvant reposer que sur la capacité politique et sur une capacité graduée, il faut, pour qu'il puisse être admis, qu'il y ait « un signe externe » de cette capacité, qu'il soit possible de la définir et de désigner les citoyens qui la possèdent.

On vient de démontrer que le cens n'était pas ce signe tant cherché. Quelques pays, quelques constitutions ont cru le trouver dans la profession, dans l'instruction. C'est créer bien arbitrairement des catégories de capables et d'incapables. Joint à cela que, si c'est une chose de gagner de l'argent et une autre chose de choisir les hommes, c'est une chose aussi de savoir lire et écrire, ou même de savoir le latin et le grec, d'être avocat, médecin, géomètre, docteur de Sorbonne, voire membre de l'Institut, et c'est tout de même une autre chose de se faire une idée juste et claire du

____

(1) On appelle *vote plural* le système dans lequel tous les citoyens votent, mais ont une, deux ou plusieurs voix, selon le montant de leurs impositions ou leur capacité présumée.

rôle d'un gouvernement et de choisir sûrement les hommes les plus aptes à remplir ce rôle.

La corrélation entre le degré d'instruction et le degré de capacité politique n'est ni si forcée ni si étroite qu'on puisse établir là-dessus un système de vote plural qui donnerait aux gens antant de voix qu'ils portent de bandes d'hermine : une à la masse des citoyens munis de leur certificat d'études primaires ; deux aux bacheliers de l'enseignement moderne, trois aux bacheliers ès lettres ou ès sciences, quatre aux licenciés, etc.

Ce serait une chinoiserie pire que toutes celles dont nous jouissons. Où nous mènerait-elle ? N'est-il pas, dès maintenant, aisé de la prévoir ? « On a constitué (1), par les privilèges de diplôme et d'école, une sorte de classe lettrée, dans laquelle il semble qu'on aurait pu trouver plus de lumières; mais cette classe montre chaque jour par les preuves les plus certaines et les plus évidentes qu'elle n'a pas plus que les autres, si elle ne l'a moins, le sentiment de l'intérêt collectif : elle fournit des rhétoriciens à tous les groupes qui,

____

(1) Courcelle-Seneuil, *Préparation à l'étude du droit*, liv. III, ch. III, p. 226. — Voyez aussi, du même auteur : *la Société moderne* ; Guillaumin, 1892.

sous une dénomination quelconque, sollicitent les suffrages des électeurs et s'efforcent d'obtenir d'eux des votes profitables à tel ou tel intérêt privé. »

En résumé, ce qui manque et ce qui manquera longtemps, c'est le signe certain de la capacité, c'est l'échelle d'après laquelle serait gradué le vote plural. D'autre part, si le système actuel a le défaut d'être par trop simple, le vote plural aurait le défaut d'être par trop compliqué. M. de Laveleye, qui l'a étudié sans hostilité, dit de lui que le moment n'est pas venu de l'introduire. C'est, en effet, une réforme qui n'est pas mûre et qui ne serait comprise, dans l'état présent, ni de ceux auxquels elle s'appliquerait, ni de ceux mêmes qui seraient chargés de l'opérer.

Que dire de tous les systèmes qui ont pour but de parvenir à la représentation proportionnelle (1),

(1) Il serait trop long d'exposer par le menu en quoi consiste la représentation proportionnelle. Voici, très en gros, ce que c'est. Dans presque toute élection il y a des vainqueurs et des vaincus. Soient deux candidats en présence. La majorité absolue est de 5 000 voix. Le premier en a 5100 ; il passe ; le second en a 4 800, il est battu. Ces 4 800 électeurs sont censés n'être pas représentés. Dans une circonscription voisine, le candidat de la même nuance a obtenu encore 3 000 suffrages et n'a pas non plus réussi. Voilà, dans l'hypothèse où l'on se place, une opinion qui ne sera pas représentée. On voudrait que ces voix s'ajoutassent les unes aux autres, et qu'au delà d'un certain chiffre, de 10 000

de toutes ces combinaisons, plus ingénieuses les unes que les autres, qui ont l'air d'exercices d'arithmétique, sinon qu'ils sont ingénieux et arithmétiques à l'excès.

Toutes les opinions y seraient « énumérées, définies, cotées, classées ». On en ferait la somme, ou plutôt des sommes, par unité de même nature. On en ferait des tas, comme les gamins, dans le sable, font de petits pâtés. C'est à merveille. Mais a-t-on réfléchi que, sur n'importe quelle question, les opinions sont innombrables, indéfinissables, « incotables » et inclassables ? Songez qu'elles varient d'homme à homme et dans chaque homme d'instant à instant.

Vous voulez faire en sorte que les minorités soient représentées. Mais êtes-vous sûrs que les majorités elles-mêmes le soient, à prendre le mot dans toute sa vigueur ? La majorité des électeurs a été d'avis de nommer député M. un tel et non

voix par exemple, les opinions vaincues eussent droit à un représentant. Chacune aurait, dès lors, autant de représentants qu'elle aurait obtenu de fois 10 000 voix. — Les arguments abondent pour la réfutation; nous n'y entrerons pas ; elle nous entraînerait trop loin. Nous exprimons seulement le regret de n'être pas d'accord sur les mérites de la représentation proportionnelle avec un écrivain dont nous faisons le plus grand cas, M. Paul Laffitte, dans son remarquable livre : *le Suffrage universel et le Régime parlementaire.*

M. un tel : voilà tout. On peut admettre qu'il est plus près des opinions de la majorité que ne l'était son concurrent, mais qu'elles s'énumèrent, se définissent, se cotent et se classent en lui, qu'il les *représente*, c'est chimère que d'y penser.

La *représentation des minorités* a séduit beaucoup de nobles et généreuses intelligences, à commencer par John-Stuart Mill, qui dans son livre *le Régime représentatif*, s'étend complaisamment sur les mérites du système de Thomas Hare. Depuis lors, en France même, une société s'est fondée en vue de poursuivre l'établissement de ce régime perfectionné.

La première objection qu'on peut, ce nous semble, lui faire, c'est qu'il n'est pas pratique et que, comme le vote plural, logiquement satisfaisant, il manque, pour sa mise à exécution, d'une base certaine. Mais il y en a d'autres ; il y en a une qui est peut-être plus grave encore et que M. Courcelle-Seneuil formule ainsi :

« L'idée de représenter les minorités n'est pas juste en elle-même ; elle est d'ailleurs contraire à la formation d'un bon gouvernement. En effet, l'élection n'a pas pour fin de représenter, mais de décider, de choisir entre des directions toujours différentes, quelquefois opposées. Former un gouvernement avec des hommes d'opinions contraires, ce serait éterniser les luttes et mettre obstacle, dans la mesure possible, à toute solution, à toute action (1). »

Cette objection-là, je l'estime irréfutable. Est-ce que les plus solennelles des décisions, les décisions de justice, ne sont pas prises à la majorité des voix ? Est-ce que les minorités y sont représentées ? Il n'en est pas même fait mention. Tous les juges signent la sentence, même ceux qui ne l'approuvent pas, ceux qui l'ont combattue. Et il faut qu'il en soit de la sorte, parce qu'il n'en peut être autrement.

Dans l'élection, c'est la même chose. Il faut que la majorité choisisse et décide ; autrement, le régime parlementaire n'a plus de sens, n'est plus possible. En fait, il est rare, Dieu merci, qu'une minorité, qu'elle quelle soit, ne soit pas du tout représentée. Nous accordons qu'elle ne l'est pas toujours proportionnellement à son importance réelle. Mais, de bonne foi, ce dont on est en droit de se plaindre, ce n'est pas que les discussions ne

____

(1) Courcelle-Seneuil, *Préparation à l'étude du droit*, liv. III, ch. III, p. 224. — *Id., la Société moderne.*

soient ni assez libres, ni assez vives, ni assez longues, ce n'est pas que toutes les opinions ne puissent s'y faire entendre. La décision est prise, ensuite, à la majorité, mais comment le serait-elle ?

Ce qu'on est en droit d'accuser et de démasquer, c'est l'esprit de parti qui rend sourd et aveugle aux raisons et à la raison ; c'est surtout l'idée fausse, que la majorité peut tout se permettre parce qu'elle est le nombre, qu'elle doit rester compacte envers et contre tous, être sans cesse en mouvement, comme un marteau-pilon qui broie les contradictions et les résistances.

Point de dosages savants de représentation proportionnelle ; il suffit que les minorités acquièrent un sentiment plus ferme de leurs droits et les majorités un sentiment plus juste de leurs devoirs. Ce double sentiment, ce n'est pas la représentation proportionnelle qui le développera, mais l'éducation politique.

Le quatrième des remèdes ou des palliatifs proposés est tout bonnement le suffrage à deux degrés. C'est évidemment la plus simple des combinaisons auxquelles puisse se prêter le suffrage universel. Elle repose sur ce principe qu'une condition indispensable pour faire un bon choix est do bien connaître les sujets entre lesquels il y a lieu de choisir. Elle dérive, par conséquent, d'une conception irréprochable du but de l'élection et du rôle de l'électeur.

On devine pourtant qu'elle n'est pas, elle non plus, exempte de tout inconvénient. Elle a notamment celui-ci, c'est qu'elle déchaîne les petites ambitions, les petites rivalités, les petites animosités locales. Pourquoi Jacques plutôt que Paul comme électeur du second degré ? Ce serait bien si nous n'avions pris l'habitude du suffrage universel direct. Mais chose curieuse : ce suffrage universel qui s'abandonne, sans conscience et sans pudeur, aux mains de quelques meneurs audacieux, de quelques comités dont on chercherait en vain les titres, le suffrage universel répugnerait à voir limitée légalement son action et à en remettre une partie à des hommes qui seraient pourtant ses délégués et que pourtant il désignerait lui-même.

Quoi qu'il en soit, le suffrage à deux degrés, qui est la plus simple des combinaisons propres à corriger, à atténuer les défauts du suffrage universel, est également la meilleure. Ou plutôt il serait le meilleur mode de suffrage, si l'observation attentive de ce qui se passe autour de nous, du

caractère, du mouvement et de la direction des
sociétés modernes n'en suggérait un autre plus
simple et, selon nous, préférable encore, qui serait un régime véritablement représentatif, le suffrage véritablement organisé ; nous insistons là-
dessus, le suffrage universel, égal, direct, et néanmoins organisé.

(c) LA REPRÉSENTATION DES INTÉRÊTS — LE SUFFRAGE UNIVERSEL ORGANISÉ

Récapitulons brièvement. Le suffrage universel a des défauts et même des vices, mais ces défauts, il n'est pas seul à les avoir et, dans une
certaine mesure, ils peuvent être atténués. Il a,
de plus, ceci pour lui qu'il est un fait et que, à
tort, mais presque universellement, on le considère comme un droit. Il importe donc de le conserver en le modifiant, en le corrigeant, nous disons, nous, en l'organisant.

Quel est, de tous les défauts et de tous les vices
du suffrage universel, le plus redoutable, celui
devant qui pâlissent et s'effacent les autres ? Ce
n'est pas qu'il est ignorant de la politique, instable, corruptible. Le suffrage censitaire l'était et

le suffrage restreint le serait. Ce n'est pas qu'il donne lieu à des fraudes et à des brigues; le suffrage censitaire y donnait, le suffrage restreint y donnerait lieu. Le suffrage à deux degrés ne nous en guérirait pas. Aucun système ne nous en guérira. Non ; le vice profond qui ronge et affaiblit le suffrage universel, le chancre de ses moelles et de ses os, c'est que, — je ne sais comment dire, — il est *atomique* et, par une suite nécessaire, *anarchique*. Bluntschli a mis le mal en pleine lumière, à l'examen des remèdes proposés :

Le défaut de tous ces projets, dit-il, c'est qu'ils prennent toujours le vote individuel pour point de départ unique ; et c'est aussi le défaut général des systèmes actuellement pratiqués. L'idée de ne faire que compter les voix des individus découle certainement du *Contrat social*, et ce vice radical dissout dangereusement la nation dans les électeurs et la pulvérise en millions d'atomes désagrégés. Comment cette poussière ne s'élèverait-elle pas au premier vent en tumultueux tourbillons ? La science ne saurait envisager l'État comme une montagne de sable. Pour elle, l'État est un corps organique, étroitement uni, ayant ses membres naturels, formant un ensemble à la fois fixe et varié (1)...

Pour obvier à cette division infinitésimale du

(1) Bluntschli, *Théorie générale de l'État.*

droit de suffrage, l'illustre théoricien politique irait jusqu'à ressusciter, non pas les *ordres*, mais les *classes*. Entre les ordres et les classes il fait, au demeurant, une longue et subtile distinction. Un peu trop longue et trop subtile, à notre avis.

Mais l'idée-mère est excellente. Bluntschli recommande de « garder, au lieu de les rompre, les unions locales organiques dans la formation des circonscriptions électorales, prenant en plus juste considération la culture, les forces variées et les besoins des villes »... Il y revient dans un autre endroit : « L'élection basée sur les unions organiques écarterait la domination dangereuse d'un parti et donnerait à la fois la variété ordonnée et la représentation des minorités. » Nous ajouterons « et *une équitable* » représentation des minorités.

Reste à savoir maintenant ce qu'il faut entendre par *unions locales organiques*. Par là j'entendrais volontiers les universités, les académies et sociétés savantes, les chambres de commerce, les chambres consultatives d'arts et métiers, les chambres de notaires et autres officiers ministériels, les associations professionnelles, les sociétés d'agriculture, etc..., etc...; en un mot, tout ce qui a corps et vie dans la nation, et non pas seulement vie personnelle, individuelle, mais vie morale et collective.

Ainsi se trouveraient groupés les atomes, contenus et, si on peut le dire, endigués les grains de sable; et le vent changeant aurait beau souffler, ils ne s'élèveraient plus « en tumultueux tourbillons (1) ».

C'est à cette conclusion que s'est arrêté Bluntschli; c'est à cette conclusion que nous arriverons par un autre chemin, d'autres considérations nous guidant. On a très souvent invoqué contre le suffrage universel ce grief qu'il ne met en jeu que des intérêts particuliers. Mais faut-il répéter que ce grief se retourne et contre le suffrage restreint et contre tout autre régime, même non représentatif?

On peut en déduire sans doute que notre éducation politique n'est pas faite, ne l'a jamais été, et reste à faire pour l'avenir. On peut, si l'on est pessimiste, tirer de cela argument pour nier que l'homme soit, ainsi que le voulait Aristote, un animal politique; que, médiocrement doué pour

(1) Voyez également là-dessus le très remarquable ouvrage de M. Ad. Prins, *la Démocratie et le Régime parlementaire.*

être gouvernable, il ne l'est nullement pour être gouvernant. Mais alors comment le changer et par quelle sélection, par quel « entraînement » obtenir l'amélioration de l'espèce humaine ?

N'est-il pas d'un meilleur calcul de s'en tenir à ce qui est et, puisque cela a toujours été, de se persuader que cela doit être ? On a parlé d'observer le caractère, le mouvement et la direction des sociétés contemporaines. Eh bien, que se passe-t-il autour de nous ?

Partout tend à prédominer ce qu'il ne serait que légitime d'appeler « la politique des intérêts. » Par l'orientation générale du monde, par une sorte de force des choses, la politique cède à présent le pas à l'économie politique, ou plutôt la politique elle-même devient économique. Nous avons vu surgir un nouveau mode de faire la guerre et aussi de nouveaux devoirs, une nouvelle fin pour les gouvernements.

On se bat à coups de tarifs, comme on se battait à coups de fusil. Les nations, si elles n'ont pas encore trouvé la forme d'État où elles se reposeront, commencent du moins à soupçonner la vanité de leurs anciennes querelles pour la prépotence et l'hégémonie. Les ambitions d'aujourd'hui se sont faites plus matérielles. Que quelqu'un ait raison d'en gémir, ce ne sont pas les économistes ; ils peuvent se permettre seulement d'en appeler des intérêts mal éclairés aux intérêts mieux éclairés.

C'est donc dans le sens de la représentation des intérêts, de la représentation économique qu'il faut marcher. Certains auteurs ne veulent pas qu'il y ait « représentation des intérêts ». Si, à ce mot, on lie étroitement l'idée de mandat, si on le prend comme le Code civil, si l'on dit que tel député est là pour soutenir tel intérêt de tels électeurs nommément désignés, ils ont raison. Nous disons, nous, en termes plus larges, que les Chambres doivent être, autant que possible, l'image fidèle et précise, la représentation du pays, et puisque le pays est surtout intérêts, la représentation de ces intérêts du pays ; ce qui implique qu'il ne doit pas y avoir dans le pays une activité, une vie, — individuelle ou collective, — qui ne soit en raccourci dans les Chambres, et qu'il ne doit pas y avoir représentée dans les Chambres une force qui ne vive réellement dans le pays.

Venant après à l'application, nous disons que le but à atteindre, pour éviter l'extrême émiettement, *l'atomisme* et l'anarchie, est de ne représenter que les plus généraux d'entre ces intérêts particuliers, ou plus exactement de donner à ces intérêts particuliers, dans la représentation à laquelle ils ont droit, leur expression la plus générale.

Ces formules un peu obscures s'élucideront par un exemple. Sous le régime censitaire, compétition d'intérêts privés. Combien d'intérêts en présence, à supposer que chaque électeur eût le sien et que deux ou plusieurs électeurs ne pussent avoir le même ? Environ 240 000. Et avec le suffrage universel, combien ? De huit à dix millions. Il s'ensuivrait que le suffrage universel est de trente-cinq à quarante fois plus anarchique que ne l'était, avant 1848, le suffrage censitaire.

Mais n'y a-t-il pas au-dessus de ces intérêts si particuliers que chacun a le sien et n'en a qu'un, d'autres intérêts, particuliers encore, et cependant communs déjà à deux ou à plusieurs personnes, des intérêts, déjà plus généraux, de rue, de village, de région, de profession, de classe ? Ces intérêts privés plus généraux ne sont-ils pas réels et ardents, comme les autres, et ne sont-ce pas, à bien y regarder, les seuls dont l'État, dont le gouvernement, dont les Chambres puissent et doivent avoir cure, impuissant qu'est l'État et incompétent pour prendre parti dans l'infinie, dans l'inextricable mêlée où s'agitent les intérêts inférieurs ?

Ce point concédé et acquis, il nous paraît que la règle est posée, que la directrice est trouvée, que la réforme à faire s'indique pour ainsi dire d'elle-même et que nous avons à portée de la main, sans forcer en rien ni fausser la nature, au contraire tiré d'elle, le remède aux inconvénients, aux vices, aux dangers et aux maux de ce suffrage universel, qu'il faut corriger, parce que, dans son mécanisme actuel, il est trop barbare et rudimentaire, mais qu'il faut accepter, parce qu'il est un fait.

La réforme est tout indiquée ; pourquoi ne pas s'arranger de façon à ce que ce soient ces intérêts privés plus généraux, ces intérêts de région, de profession, de classe qui soient représentés dans les Chambres ? Pourquoi le suffrage universel, qui est une manifestation de vie et d'activité politique, ne reconnaîtrait-il que la vie, que l'activité individuelle ? Pourquoi serait-il interdit à la vie, à l'activité collective, sous la condition expresse que cette vie soit réelle, dûment constatée, régulière, n'ait rien de factice et n'aille pas à l'encontre des lois, sous les conditions ordinaires d'indignité et d'incapacité ?

Ce n'est pas le lieu de développer dans tous leurs détails les plans qu'on pourrait adopter ; nous ne voulons en tracer que les grandes lignes, en construire que la charpente, nous réservant d'y revenir en une prochaine occasion (1). Mais qu'est-ce qui empêcherait de prendre pour type, quitte à s'en écarter plus ou moins, suivant les exigences de notre milieu social, le régime pratiqué en Autriche pour l'élection à la Chambre des députés?

Sont électeurs pour la seconde Chambre les citoyens, au-dessus de vingt-quatre ans, qui payent un cens, variablement déterminé, à partir de cinq florins par an d'impôts directs. Ils sont divisés en quatre catégories, selon qu'ils appartiennent à la grande propriété foncière, ou bien aux chambres de commerce et d'industrie, aux villes ou aux communes rurales.

Les électeurs de la première catégorie peuvent

______

(1) Dans un autre travail qui aura pour titre : *Théorie organique de l'État.*

voter, dans les divers endroits où ils possèdent des biens-fonds. A la première catégorie sont attribués, pour tout l'empire, 85 députés ; à la deuxième, 21 ; à la troisième, 116 ; à la quatrième, 131. La répartition de ces 353 sièges est faite, en outre, par province (Bohême, 92 ; Galicie, 63 ; basse Autriche, 37, etc.).

Les élections sont directes, sauf pour la quatrième catégorie, où les électeurs du premier degré élisent ceux du second degré, dans la proportion de 1 par 500 habitants.

Si, empruntant à ce régime ce qu'il a de bon, on voulait l'importer en France, nous ne conseillerions pas de l'y importer tel quel. Nous n'oserions pas aller aussi loin que lui ni demander le suffrage comme en Autriche.

Nous reculerions peut-être de vingt et un à vingt-quatre ans l'âge requis pour être électeur. Mais nous ne stipulerions aucune condition de cens. Nous ajouterions peut-être que l'électeur devra savoir lire et écrire, ainsi que l'ont fait plusieurs pays, non pas que savoir lire et écrire soit une garantie qu'on saura choisir, mais ce sera, du moins, une garantie que l'on saura qui l'on choisit.

Les électeurs seraient divisés de même en un

certain nombre de catégories. Nous ne ferions pas des grands propriétaires une catégorie électorale à part, ni des propriétaires moyens ou petits, pour ce motif qu'ils ne forment pas en France un corps collectif, réellement vivant et organisé dans l'État. La plupart d'entre eux ne sont pas, d'ailleurs, seulement des propriétaires; ils rentrent, à un autre titre, dans une autre catégorie. En tout cas, ils n'auraient qu'une voix, dans un seul endroit, là où seraient leurs plus gros intérêts.

Les chambres de commerce, d'arts et métiers, d'agriculture, les chambres de notaires, d'avoués, etc., formeraient une catégorie ou deux ; les universités, académies, corps savants en formeraient une; les syndicats ouvriers en formeraient une, etc. On ne sait si, après cela, il y aurait lieu de distinguer entre les villes et les campagnes. *A priori*, il répugnerait d'établir le suffrage à deux degrés pour une seule catégorie de citoyens, les électeurs des communes rurales, qui souvent ne sont pas les plus dépourvus de jugement et de tact dans le choix des hommes.

Mais, encore une fois, ce n'est là qu'une esquisse, qu'une ébauche de ce qu'on pourrait faire; les limites, les formes et les moyens sont à chercher. Nous nous bornons à poser le principe. Que tout ce qui a vie dans la nation soit représenté dans l'Assemblée nationale. On voudra bien remarquer, au surplus, qu'il ne serait aucunement touché au suffrage universel. Tout le monde continuerait à voter. Seulement chacun voterait à sa place, là où sa voix ne serait pas perdue.

La répartition des sièges serait faite tout ensemble, comme en Autriche, par circonscriptions régionales et par catégories professionnelles. Le suffrage universel, primitif et sans frein, celui que nous connaissons, est comme un fleuve débordé ; il ne s'agit pas de le tarir, mais de régler son cours et de le canaliser. Nos huit à dix millions de vies, nos huit à dix millions d'activités, nos milliers ou nos millions d'intérêts privés sont anarchiques ; il s'agit de les réduire à sept ou huit catégories, et, si le mal n'en est pas entièrement supprimé, il en sera rendu, c'est déjà beaucoup, moins dangereux et plus supportable.

Mais, se récrieront les fanatiques, vous rétablissez les classes, ces classes que la Révolution a brisées, — et le reste de la tirade. Je leur répondrais bien là-dessus qu'une classe n'est pas un ordre ni une caste. Une caste est fermée, une

classe ne l'est point. Je leur citerais bien Bluntschli. Ils ne le comprendraient ou même ne l'écou-
teraient pas.

C'est, en effet leur trompette de Jéricho, celle
dans laquelle ils soufflent pour faire tomber les
murailles ; « Vous voulez rétablir les classes !
Vous insultez à la Révolution ! » Cette opposition
était à prévoir.

Il est à prévoir qu'on traitera de « réactionnaire »
quiconque se permettra de penser et d'écrire
que toute œuvre humaine et toute institution, —
même si elles datent d'il y a cent ans, même si
leur origine se place dans la période légendaire,
entre 1789 et 1795, — peuvent appeler sur
certains points certaines retouches. Car il paraît
que c'est être « réactionnaire » que de ne pas
jurer en tout comme le veut ce docteur anonyme
qu'on nomme d'un seul trait le parti républicain.
Mais peu importe.

Il est à prévoir, d'autre part, qu'on se heurtera
dans l'application à toute sorte de difficultés, à
des obstacles de toute sorte, aux préjugés en
même temps les plus absurdes et les plus respecta-
bles. Cela ne change rien au fond de la question,
qui est celui-ci :

Est-il vrai que, suffrage universel ou régime
censitaire, noblesse ou bourgeoisie, tiers ou quart
état, ce sont toujours des intérêts privés qui jusqu'ici se sont disputé le gouvernement ? Est-il
présumable que toujours il en sera plus ou moins
ainsi ? Est-il vrai que dans la nation il n'y a pas
que des individus, qu'il y a des êtres collectifs ?
Est-il juste, est-il désirable que ces êtres collectifs
se retrouvent dans la représentation nationale ?
Est-il vrai que huit millions d'intérêts privés fassent
une poussière plus menue, un plus terrible « tour-
billon d'atomes », qu'ils soient plus anarchiques
que sept ou huit intérêts, déjà plus généraux,
quoique privés encore, de région ou de profession ? Est-il bon, est-il désirable de réduire l'atomisme, l'anarchie, dans cette proportion de huit
millions à sept ou huit unités ?

Pour nous, nous ne voyons pas ce que l'on
pourrait perdre à adopter cette combinaison, qui
n'est qu'un classement des voix. Le suffrage universel demeurerait intact, personne n'en serait
privé, chacun ne compterait que pour un et tout
le monde compterait.

Ce n'est pas ... e ces systèmes abstraits et
rationnels, — ou rationalistes, — comme les

eussent aimés les doctrinaires, un bloc taillé à la Royer-Collard. De ces systèmes-là nous faisons bon marché, fuyant l'abstraction, nous défiant de la raison pure, parce qu'elle est trop belle, cherchant modestement la réalité de la vie. Or, quand le suffrage universel, resté égal pour tous, ne sera plus d'une si désespérante uniformité, quand on l'aura assoupli et organisé, on se sera rapproché de la vie, on se sera modelé sur elle, on l'aura fidèlement suivie et reproduite, ce qui n'est peut-être pas tout ce qu'on peut rêver, mais ce qui, à coup sûr, est tout ce qu'on peut faire.

CHAPITRE X

SOPHISMES OU MALADIES DU RÉGIME PARLEMENTAIRE

(*a*) QU'IL NE S'AGIT PAS DE DÉTRUIRE LE RÉGIME PARLEMENTAIRE, MAIS DE L'ORGANISER POUR QU'IL VIVE

Dans la courte préface de son livre : *le Gouvernement représentatif*, John-Stuart Mill écrivait :

Il me semble, d'après divers indices et surtout d'après les débats récents sur la réforme du Parlement, que les conservateurs et les libéraux (si je puis continuer à les appeler comme ils s'appellent encore eux-mêmes) ont perdu confiance dans les doctrines politiques qu'ils professent nominalement.

Cette remarque ne pourrait-elle pas s'appliquer, et presque point par point, au régime parlementaire, particulièrement chez nous? Il semble aussi que les libéraux et les conservateurs (si l'on peut encore les appeler de ce nom) aient perdu toute confiance en lui. Les indices qui permettent d'en

juger ainsi sont nombreux; un peu de lassitude de
ce régime n'a certainement pas nui au succès pas-
sager des gens qui, avec Boulanger, parlaient de
le détruire ou de le changer de fond en comble.
Leur défaite finale, leur pitoyable écrasement,
ne prouve pas que, secret et ne trouvant pas pour
l'heure à se condenser dans une formule ou à s'in-
carner dans un homme, le mécontentement ne
subsiste point. Symptôme plus sûr et plus grave
peut-être: ce n'est pas que dans l'esprit obscur et
turbulent de la foule, surexcitée périodiquement
par des accusations et des scandales, que le régime parlementaire s'est peu à peu, en ces dernières années, discrédité par ses excès et ses abus.

Beaucoup de vieux parlementaires, et non des
moindres, de ceux qui ont été élevés à la bonne
école, de ceux qui ont eu la foi ardente et agis-
sante, le culte de ce qui était pour eux le résumé, la somme, le bien absolu, le type unique des
institutions libérales, parmi ceux-là d'anciens ministres, des chefs de groupe, des orateurs admirés,
des juristes de grande science, se sentent maintenant, — et l'avouent si on les en presse, — ébran-
lés et découragés.

— Oui, mais, disent-ils, sans le régime parlementaire, quels que soient ses défauts, comment sauvegarder, comment organiser la liberté? C'est là porter les choses du premier coup jusqu'à l'extrême. Il ne s'agit pas de supprimer, mais de réformer. Il ne faut donc pas dire « sans le régime parlementaire », mais bien « avec un régime parlementaire modifié ». La réponse, alors, devient plus facile, et les inquiétudes tombent d'elles-mêmes. Il n'y a plus qu'à se demander en quel sens doit s'exercer la modification, ce qui revient à se demander quels sont les vices du régime actuel.

Ces vices, on en aperçoit de trois espèces : vices dans la conception généralement admise des moyens et de l'objet, du rôle du Parlement; vices dans le recrutement du personnel; vices dans le fonctionnement du système.

(b) VICES DANS LA CONCEPTION GÉNÉRALE DU RÉGIME PARLEMENTAIRE

En premier lieu, une idée fausse domine tout. On s'imagine volontiers le régime parlementaire comme une machine à légiférer sans interruption, comme une sorte de chaudière à feu continu,

d'où doivent sortir l'une après l'autre, inépuisable-
ment, des lois et toujours des lois. Cette idée est
si bien ancrée dans les cervelles populaires que
si, par hasard, le bilan d'une session n'est pas
aussi chargé qu'à l'habitude, il n'est pas un portier qui ne s'écrie, en repliant son *Petit Journal* :
« Décidément, ils ne font rien. Ce n'est pas la
peine de les payer vingt-cinq francs par jour ! »

Faire quelque chose, c'est faire de nouvelles
lois, qu'elles soient d'ailleurs cohérentes ou incohérentes, applicables ou inapplicables, qu'elles
soient ou non d'accord avec les anciennes lois qui
ne sont pas abrogées. Évidemment, ce portier
symbolique, dans l'âme duquel viennent se réfléchir les âmes de dix millions de citoyens français,
n'a pas lu, mais il en a le droit, Montesquieu, qui
voulait que l'on conservât les anciennes lois,
même mauvaises, et que l'on en fît de nouvelles
aussi peu que possible. Il n'est que juste d'ajouter, d'autre part, que nos députés font tout ce
qui dépend d'eux pour entretenir une erreur qui
leur profite, quand ils mettent les bouchées dou-
bles, votent rapidement, fût-ce au petit bonheur,
« déblayent », comme on dit au théâtre. Ils ne
se montrent jamais plus fiers que lorsqu'ils peu-

vent se vanter de ce dont ils se vantent à présent : « Nous avons sur la planche, pour six ou sept mois qui nous restent, huit cents et quelques projets de loi. » On ne compte pas les questions, ni les interpellations, portées ici seulement pour mémoire.

Ce serait un curieux calcul que celui des lois projetées, adoptées, rejetées ou amendées depuis vingt ans que la République existe. Nous n'avons pas eu la patience de le poursuivre jusqu'au bout. Mais prenons comme moyenne d'une année, — on est au-dessous de la vérité, — les huit cents propositions que la Chambre actuelle, pour avoir achevé sa tâche, devrait expédier avant de mourir. Cela nous donne, par chaque législature de quatre ans, trois mille deux cents projets de loi, et pour les quatre dernières législatures de la République définitive, de 1877 à 1893, douze mille huit cents. Allez soutenir, après cette multiplication, que nul n'est censé ignorer la loi? Ce qui est vrai, c'est le contraire, c'est que nul n'est capable de savoir la loi. Je me suis rencontré, un soir, avec un des auteurs de la loi sur la presse, chez un professeur de droit criminel ; ni l'un ni l'autre ne se rappelait ce qu'elle contenait : ils n'en avaient qu'un vague souvenir. Ainsi pour toutes. Et comment n'en serait-il pas ainsi ? Douze mille propositions à examiner en seize ans ! que l'on en adopte le quart, et voilà trois mille lois de plus. Encore une fois, on ne présente pas ce chiffre comme réel, on raisonne par hypothèse. Notez que ce qu'une législature a fait, une autre veut souvent le défaire : or il faut une loi pour abroger une loi (1).

Condamnée à cette surproduction, la forge qui ne s'éteint pas, la machine parlementaire, l'usine législative à feu continu, s'approvisionne où elle peut et comme elle peut de matière première et de

______

(1) Est-ce de quoi nous consoler ? Nous ne sommes pas, nous Français, les seuls à souffrir de cette manie législative. Partout où s'est introduit et établi le régime parlementaire, c'est-à-dire à peu près dans toute l'Europe, ses conditions sont identiques. Dans son pays d'origine, l'Angleterre, on a fait exactement le calcul devant lequel nous avons reculé On est arrivé à ce résultat. Depuis le statut de Merton, sous le règne de Henri III (Henri III d'Angleterre a régné de 1216 à 1272) jusqu'à la fin de 1872, il a été voté 18 110 mesures législatives. (On ne dit pas combien ont été repoussées ni combien enterrées avant discussion.) Les quatre cinquièmes de ces mesures ont été depuis lors abrogées entièrement ou en partie Rien que pendant les trois années 1870, 1871, 1872, 3 252 lois ont été abrogées, dont 2759 complètement. De son côté, Spencer a constaté qu'en trois ans, de 1881 à 1884, pensons-nous, « six cent cinquante *actes appartenant au règne de la reine Victoria* et un grand nombre des règnes précédents ont été abrogés, soit séparément, soit par groupes. »

H. SPENCER, *l'Individu contre l'État*, p. 74. *Les Péchés des législateurs.*

combustible. Elle reçoit de toutes mains, du gouvernement, qui a son droit d'initiative, et de chaque membre de chacune des deux Chambres, qui a le sien. On pousse un projet après l'autre ; l'âtre flamboie ; les commissions ceignent leur tablier, et l'on bat le fer tandis qu'il est chaud. Le pire des malheurs paraît être que la fabrication soit arrêtée un seul instant. Encombrons le magasin, écrasons le marché, comblons le Code, mais pour Dieu. — que dit-on là ? pour Dieu ! — au nom du peuple souverain, soufflons et forgeons.

Faisons des lois de toute taille et de tout métal, de tout poids et de toute qualité ; faisons-en qui s'entravent et s'annulent mutuellement, peu importe, mais point de repos, à peine le temps de sauter jusqu'à la salle des Pas-Perdus. Autrement, gare à nous, gare au verdict des comités et des journaux, gare aux grossières apostrophes qui se traduisent académiquement par ceci : « En vérité, ils ne font rien là-bas, à Paris, et tout de même ils touchent leurs vingt-cinq francs ! » La besogne manquerait-elle ? La Pologne n'est pas délivrée, comme on disait en 1848, et l'on n'a pas encore appris au peuple tout ce qu'il devrait savoir ; tous les maux ne sont pas guéris, tout n'est pas parfait en ce monde, où tous ne sont pas beaux et riches, — et il y a toujours des pauvres parmi nous.

A quoi rêvent-ils, à Paris, qu'ils ne font pas une loi qui abolisse la misère ? Et de la première idée fausse, d'après laquelle les Chambres ont le devoir de légiférer sans interruption, naît cette deuxième idée fausse qu'elles peuvent légiférer utilement sur tout sujet. Aucun domaine n'est réservé ; rien, ni personne ne leur échappe : qu'elles marchent, qu'elles marchent donc ! On dirait que la loi est une marchandise susceptible de s'étendre indéfiniment et que, plus un Parlement en produit, plus une nation en consomme, plus le Parlement est méritant et plus la nation est heureuse. On dirait que cette loi, ainsi forgée à tour de bras, est nécessairement et infailliblement bienfaisante et qu'elle ne risque jamais de nuire ou de se briser comme verre contre ces lois naturelles qu'elle a la prétention de redresser, contre la force des choses qu'elle a la vanité de vouloir combattre.

Cependant, petit à petit, la vie se retire des autres parties et se concentre autour de la machine à légiférer, en sorte que son activité factice tend à tenir lieu de toute autre activité et que, si brusquement elle cessait de tourner, ce serait

pour le pays comme une syncope, une crise vio-
lente. Mais nous en sommes loin; le coup de
sifflet est donné, les ouvriers rentrent, la chemi-
née fume, la roue tourne, le marteau frappe; on
jette dans le foyer à pleine pelle bois et char-
bon, pouvoirs et libertés, titres acquis et probité
prouvée; voici que le gouvernement y passe.
— Ah! si nos députés pouvaient se mettre en
grève!

Car le législatif mange l'exécutif : il le resserre, le rogne, l'aplatit, le passe au laminoir. Qui
est-ce qui gouverne en France? Le gouvernement?
Pas du tout. On lui en ôte les moyens et il en perd
la volonté, à force d'ennuis et de tracasseries. Qui,
alors? c'est le Parlement ou, pour être plus net, la
Chambre des députés. Sous l'action circonve-
nante et envahissante de la Chambre, le Sénat est
devenu presque un simulacre, un prytanée où la
patrie envoie se reposer en des honneurs passifs
trois cents bons vieillards qui ont bien vécu, ou
aspirants vieillards qui ne désirent que vivre doucement. La Chambre a d'abord essayé de leur enlever de haute lutte leur prérogative financière;
n'y pouvant réussir, elle s'est arrangée de façon
que le budget leur arrivât le 20 décembre pour

être voté le 31. Cette année, il ne leur arrivera même pas le 31. La Chambre a bien d'autres soucis. Ils sentent bien, dans leur demi-sommeil, qu'on porte la main sur leur bâton et, pendant toute une séance, ils parlent de résister héroïquement. Mais l'effort les épuise et, le lendemain, ils cèdent.

Ainsi la Chambre s'accoutume à leur faire accepter toutes ses fantaisies, et elle ne professe plus envers le Sénat de respect et de vénération qu'à raison de ses attributions exceptionnelles, de celles qu'il ne devrait pas avoir, que la Constitution a eu tort de lui conférer, des services qu'il peut rendre quand, dans les temps troublés, on l'érige en Haute Cour de justice. Mais que fait à la Chambre la confusion des pouvoirs, et comment refuserait-elle au Sénat des attributions judiciaires qu'elle délègue, sans limites, à une simple commission d'enquête?

Voilà, par suite, le Parlement qui se compose, en droit, de deux Chambres et, en fait (sauf quelque exagération), d'une Chambre unique. Croit-on que cette Chambre va s'en tenir à son office, agrandi, mis en monopole par la lente dépossession du Sénat, et se contenter d'absorber tout le législatif? Ce ne serait pas la connaître. Une fois sûre de sa toute-puissance, elle se retourne contre l'exécutif.

Le Président de la République (quelle que soit sa personne, la personne n'est pas en cause) se voit contraint de rester tapi, comme en un trou, dans les quatre articles de la loi du 25 février et les sept ou huit articles de la loi du 16 juillet 1875, qui le concernent. Il reçoit, signe et représente. Il a « les fonctions de majesté ». Pour ce qui touche le Parlement, il ouvre et clôt les sessions par décret. La Constitution prend soin de dire qu'il n'est pas responsable, hormis le cas de trahison. C'est la précaution inutile : de quoi serait-il responsable, puisqu'il ne fait rien par lui-même, et que, s'il faisait quelque chose, ce serait précisément la trahison, le coup d'État, le Deux-Décembre, le Dix-Huit Brumaire, — que sais-je ?

Les ministres, eux, n'ont pas théoriquement, à ce point, les menottes et le cabriolet ; mais, dans la pratique, que d'obligations et de dépendances ! A prendre l'existence courante, ils vont de piège en chausse-trappe : casse-cou à droite et à l'extrême gauche. l' faut amadouer celui-ci, détacher celui-là, veiller à ne pas s'aliéner tel groupe en repoussant tel solliciteur. Ne fut-il pas question, au commencement de la présente législature, de ressusciter les grandes commissions? C'eût été la fin de tout. Nous en avons déjà, on ne dira pas trop, mais assez, de grandes commissions.

Nous avons, de temps en temps, des commissions d'enquête. Ne les eussions-nous pas, que la commission du budget, à elle seule, suffirait pour occuper et préoccuper les ministres. Poussant jusqu'au bout un principe juste, le droit de consentir les impôts et de contrôler leur emploi, elle pénètre partout, s'immisce en tout, exige des comptes sur tout, et non pas seulement des comptes de finances. Sous prétexte qu'elle dispense l'argent pour la politique et la guerre, elle veut connaître les instructions données à nos ambassadeurs et les plans de campagne que préparent nos généraux. Ce n'est plus une commission de la Chambre, c'est un contre-gouvernement.

Et elle ne se borne pas à ces empiétements en bloc, elle empiète aussi en détail. Elle, c'est-à-dire la trentaine de députés qui en font aujourd'hui partie, et la trentaine qui en était l'an passé et les trois ou quatre trentaines qui briguent d'en être l'an prochain. Tout ce monde réclame l'entrée dans les bureaux de toute administration, à toute heure et, quand on la lui refuse, s'y glisse. Que le ministre s'excuse de ne pas livrer un renseignement, le député l'arrache par intimidation à l'un ou l'autre de ses subalternes. Demandez-le à tout homme de bon sens et de bonne foi : est-ce là une fonction du législateur ? Et ces étranges commis voyageurs en révolution sociale, qui se mêlent de trancher et de faire officiellement trancher par la Chambre les différends entre le capital et le travail, qui prêchent la violence dans le cas où la minorité ne leur donnerait pas gain de cause, est-ce une fonction législative qu'ils remplissent ? Ils se plaignent du gouvernement, et pourtant ils vont et ils viennent, envenimant les conflits, excitant à la haine des citoyens les uns contre les autres, crime prévu et puni par les lois. S'il y avait un gouvernement, si le gouvernement n'était pas amoindri et lié comme il l'est, il leur eût appliqué ces lois, ces justes lois. Mais... Que chacun formule le « mais » à sa manière, puisque aussi bien, parmi les honnêtes gens, il n'y a pas là-dessus deux opinions.

On le voit : la conception qu'on se fait généralement du régime parlementaire est fausse sur ces trois points ; elle est fausse : 1° parce qu'on s'imagine que les Chambres doivent légiférer sans trêve ni repos ; 2° parce qu'on s'imagine qu'elles peuvent légiférer utilement en toute matière, qu'elles le doivent et que rien ne leur échappe; 3° parce que, si l'on ne se le figure pas comme nécessaire ni même comme désirable, néanmoins on tolère sans que la raison se révolte (et, par l'habitude, cette espèce de sophisme passe des mœurs dans les idées) que le législatif morde sur l'exécutif, le restreigne, le diminue, l'inquiète, le harcèle, le déconsidère et que, somme toute, ceux qui font les lois se placent en dehors et au-dessus des lois. Maintenant, ceux qui font les lois, quels sont-ils, comment se recrutent-ils ?

(c) VICES DANS LE RECRUTEMENT DU PERSONNEL

Le candidat qui a le plus de chances est celui qui donne le plus de gages et qui promet le plus. D'où il est permis de conclure que c'est celui qui sert le mieux le plus d'intérêts privés ou celui que le plus d'intérêts privés estiment le plus apte à les mieux servir. Toute autre considération ne disparaît pas absolument devant celle-là, mais s'atténue et s'efface. Ce candidat, capable de les satisfaire, qui le désigne aux électeurs ? Un comité, quelques meneurs, quelques gros bonnets, comme on dit, quelques intérêts plus remuants et plus entreprenants que les autres. Et entre qui le choisit-on ? John-Stuart Mill nous l'apprend en une phrase énergique (1) :

Entre les deux ou trois oranges pourries qui composent peut-être tout l'assortiment du marché local.

Et il ajoute :

De l'aveu de chacun, il devient de plus en plus difficile à un homme qui n'a que des talents et de la réputation d'entrer à la Chambre des communes. Les seules personnes qui puissent se faire élire sont celles qui possèdent de l'influence locale ou qui se frayent le chemin par une dépense extrême ou qui, sur l'initiative de quelques marchands ou procureurs, sont envoyés des clubs de Londres par un des deux grands partis, comme des hommes sur le vote desquels le parti peut compter en toute occasion (2).

(1) *Le Gouvernement représentatif*, trad. Dupont-White, p. 187.

(2) *Le Gouvernement représentatif*, trad. Dupont-White, p. 187.

Corrigez « Londres » en « Paris », et ce que Mill dit de l'Angleterre s'applique encore, trait pour trait, à la France. L'influence locale, la dépense extrême, les trois ou quatre marchands ou procureurs, les clubs de Londres ou de Paris, les hommes sur lesquels le parti peut compter en toute occasion, tout cela est également de chez nous.

Assurément, il n'est pas possible, mais il est rare que les candidats qui ont de l'influence locale ou qui se livrent à une grosse dépense, ou que le club a envoyés de Paris, aient en même temps une valeur, un passé, une préparation qui les désignent pour les fonctions si hautes et si ardues de législateur. Les autres, qui n'auraient que « des talents et de la réputation », on sait ce qu'il en advient : ils ne sont pas élus. Au demeurant, il leur en coûte d'avoir à affronter la lutte, de jeter dans cette mêlée confuse d'opinions et d'intérêts leur pensée qui sera travestie et leur personne même qui ne sera peut-être pas à l'abri des injures et de la calomnie. Et ils s'enferment sous leur tente, dans le dédain transcendant et boudeur d'un scepticisme très distingué.

Mais, à la longue, en se multipliant et en s'éternisant, ce scepticisme devient une lâcheté. Le scepticisme d'une part, de l'autre, l'envie, les mesquines rivalités conspirent à abaisser le niveau de la représentation nationale. Personne ne veut rien, mais tout le monde veut que personne ne veuille rien, plus que lui. Et c'est ainsi que le régime parlementaire, qui pourrait être un excellent régime, ne donne qu'un médiocre ou un mauvais gouvernement. John-Stuart Mill l'avait prévu et il le prédisait encore, il le constatait et le déclarait :

A quoi sert le système représentatif le plus franchement populaire, si les électeurs ne se soucient pas de choisir le meilleur membre du Parlement, mais seulement celui qui dépensera le plus d'argent pour se faire élire ?... Comment le gouvernement (ou toute autre entreprise) peut-il être conduit d'une manière tolérable, chez un peuple si envieux, que lorsqu'un homme paraît sur le point de réussir à quelque chose, ceux qui devraient y coopérer avec lui s'entendent tacitement pour le faire échouer ?

Quand ce sont les intérêts qui choisissent, avec l'envie pour conseillère, ils choisissent mal ordinairement. Non pas qu'ils soient forcément corrupteurs, ni que ceux auxquels ils se confient soient forcément corruptibles et corrompus. Au contraire, Dieu merci, les faits de corruption sont infiniment peu fréquents, exceptionnels, il faut le dire, et s'ils font plus de bruit en France qu'ils n'en feraient en d'autres pays, c'est justement parce que nous y sommes moins accoutumés et que nous n'avons perdu ni le sens moral ni le courage qui permettent de les poursuivre et de les punir. Bien loin que ces représentants, qui pourtant ne représentent guère que des intérêts privés, soient de malhonnêtes gens, ils sont (quoi que la médisance veuille conclure d'un ou deux cas isolés qui ne prouvent rien) fort honnêtes, pleins de bonne volonté, animés de bonnes intentions. Mais cette préparation, dont on vient de parler, aux fonctions ardues de législateur, ils ne l'ont pas, pour la plupart. Pour la plupart, ils ne connaissent ni les lois d'aujourd'hui, ni celles d'hier, ni l'histoire de ces lois, ni les éléments mêmes de tout ce qu'il faudrait qu'ils connussent. Ils vont devant eux où on les mène et sont contraints de procéder empiriquement : c'est de la législation à tâtons. Il y a une loi qui réglemente, non sans raison, on le confesse, et avec quelle sévérité ! — ce sont des médecins qui l'ont faite ! — l'exercice de la médecine. Mais nos législateurs

improvisés ne se doutent pas qu'ils sont des
« rebouteurs » politiques. Empruntons à Herbert
Spencer une comparaison piquante :

Supposons, s'écrie-t il, qu'un élève pharmacien, après
avoir écouté la description de certaines douleurs qu'il
croit à tort être causées par la colique, mais qui en réalité sont causées par une inflammation du cœcum, pres-
crive une forte purgation et tue le malade ; on le décla-
rera coupable d'homicide par imprudence. On n'admettra
pas l'excuse que son intention était bonne, et qu'il espé-
rait faire du bien...Pour les législateurs, coupables peut-
être, eux aussi, d'homicide par imprudence, il n'en va
pas de même. Les responsabilités leur sont mesurées
avec la plus grande indulgence. « Il est admis que l'expérience commune aurait dû apprendre à l'élève pharmacien peu instruit à ne pas s'ingérer de la médecine ;
mais il n'est pas admis que l'expérience commune ait dû
apprendre au législateur à ne pas se mêler de légiférer
avant qu'il se soit instruit (1). »

Le législateur étant mal préparé, il est inévitable que la législation ne peut qu'être défectueuse.
Elle le sera d'autant plus qu'il aura, avec une culture plus insuffisante, la cervelle plus bourrée de
prétendus principes, d'axiomes et de préjugés.
Élu à force de marchandages, pris entre le vote

(1) H, SPENCER, *l'Individu contre l'État*, p. 70. *Les Péchés des
législateurs.*

d'hier et le vote déjà prochain de renouvellement, créature d'un comité, représentant surtout des intérêts, le législateur fera moins office de législateur — encore qu'il légifère beaucoup — que de simple commissionnaire ou de solliciteur officiel. Mal préparé par ses études antérieures à son métier, le plus délicat des métiers, il n'aura pas le temps de travailler pour s'y préparer après coup. Toutes ses journées se perdront en courses dans les ministères; toute sa bonne volonté s'épuisera à tâcher de tenir les promesses qu'il avait faites, à faire de pareilles promesses pour assurer sa réélection. Il contribuera fatalement, par sa médiocrité, à nous donner de mauvaises lois ; par ses recommandations légères, ses intrigues, à nous donner une mauvaise administration. Choisi pour député, sans avoir de titre spécial, en vertu de cette conviction qu' « un homme, à moins qu'il ne soit bon à pendre, est aussi capable que tout autre de tout emploi qu'il lui plaît de demander », il ne peut qu'appliquer à ses électeurs la maxime que ses électeurs lui ont appliquée à lui-même. Le moindre refus le touche et le blesse comme si c'était un échec personnel ; pour se placer au-dessus des intérêts privés, dont il est le chargé d'affaires révocable tous les quatre ans, les idées générales lui manquent.

En résumé, la plupart de nos députés sont de braves gens, arrivés du fond de leur province à la Chambre, n'ayant guère que des aptitudes professionnelles de médecin, de pharmacien, d'avocat, d'industriel, de commerçant, etc... Ils ont des « trois ou quatre marchands ou procureurs » qui les ont tirés du néant une peur effroyable qui les plonge en des complaisances sans bornes. Ils cherchent de leur mieux la lumière, mais ils ont une taie sur les yeux et ne savent pas la reconnaître... On les convoque par décret, ils accourent ; les voilà prêts à tous les exercices, prêts à passer des questions militaires aux questions économiques, des questions constitutionnelles aux questions de tarifs douaniers, des questions de politique religieuse aux questions d'hygiène publique, et ainsi de suite pour tout ce qui fait la vie complexe et multiple de la nation. Ils échangent un salut et se mettent à l'œuvre. Amusons-nous à les regarder faire.

Soyez tranquilles : nous aurons le loisir de contempler légiférant nos assemblées législatives. Bon an mal an, elles légifèrent pendant huit mois. Non contents de légiférer trop, MM. les députés légifèrent trop longtemps; justement, ils légifèrent trop, parce qu'ils sont trop longtemps réunis. La Constitution n'exige leur présence que pour cinq mois: on ne devrait pas leur accorder un jour de plus. En cinq mois, ils expédieraient les affaires de leur compétence; ils ne s'occuperaient que de celles-là; celles qui resteraient en suspens auraient chance de ne pas rentrer dans leur attributions. Siégeant huit mois, il faut qu'ils trouvent quelque chose pour remplir les séances : d'où l'usage effréné de leur droit d'initiative; d'où tant de lois inutiles, inefficaces ou dangereuses; et voilà ce qui fait que les scandales éclatent. Le gouvernement, à ne pas les retenir, ferait l'économie de plus d'une interpellation et, par suite, de plus d'une crise ministérielle. Pour une fois, il serait démontré que la meilleure besogne peut être, dans certains cas, de ne rien faire. Le silence est d'or, dit le proverbe, et le

sage ajoutait : « Abstiens-toi. » Pourquoi les Chambres ne donnent-elles à ce conseil que l'interprétation très étroite : « Ne dépose dans l'urne ni bulletin blanc ni bulletin bleu ? » Encore un mot dont
elles ont détourné le sens. Qu'elles s'abstien-
nent, devrait signifier qu'elles n'agissent ni ne
parlent à tort et à travers.

Mais c'est être naïf que de prêcher ici la modé-
ration et le silence. — Nous sommes dans le
royaume de la parole, où la renommée, le crédit.
l'autorité s'acquièrent à la tribune, où toute une
hiérarchie s'établit par l'art d'exprimer sa pensée,
souvent même une pensée que l'on n'a pas, et va de
l'éloquence au bavardage. Nous autres Français,
qui sommes nés d'un croisement de sang latin et
de sang gaulois, de sang celtique, depuis notre
apparition dans l'histoire nous avons abusé de
la parole publique. Nous sommes, au fond, de-
meurés des barbares, qui aiment les palabres,
et qui suivent, en applaudissant, les joueurs de
flûte.

Si la législation est trop souvent mauvaise,
c'est, on le maintient, que la matière des lois est
mal choisie et le législateur mal préparé ; c'est
aussi que la méthode, le procédé employé laisse

beaucoup à désirer. On dépose un projet de loi ;
ce projet est renvoyé à une commission. Discours
dans les bureaux pour en nommer les membres.
Discours dans la commission pour faire prévaloir
tel ou tel avis et désigner tel ou tel rapporteur.
Discours en séance pour assurer le vote. La législation est tout oratoire, et les inconvénients ne
s'en comptent plus. Ce n'est pas un droit que
l'on élabore, c'est une politique d'occasion qui se
fait par de la phraséologie. Celui qui dit le droit,
qui le crée, est celui qui a les plus solides pou-
mons ou la langue la plus habile.

Le caractère commun de plusieurs lois récemment adoptées, n'est-ce pas d'être excessives en
leurs dispositions? la faute en est vraisemblablement à ce que, pour se faire écouter, il faut ren-
chérir sur ce qui a déjà été dit : « On ne conquiert
l'éloge qu'en poussant les choses d'un ou deux
points plus avant que ne l'ont fait les précédents
orateurs (1). » Le secret est là, pousser plus avant :
cela peut être apporter plus d'ordre et de clarté,
cela peut être appuyer plus fort, cela peut être
s'aventurer plus loin, cela peut être dénoncer les

____

(1) W.-G. HAMILTON, *la Logique parlementaire*, traduction de
M. J. Reinach, p. 189. DXLIV.

personnes et crier à la corruption. De surenchère
en surenchère, on en vient doucement à cet excès
noté comme le caractère distinctif de quelques-
unes de nos dernières lois. On parle trop dans les
Chambres pour qu'on y légifère bien. Mais, quand
bien même on y parlerait moins, il est probable
que le travail y resterait médiocre.

De même que les Chambres siègent trop longtemps, qu'elles embrassent volontiers plus que
la loi ne peut étreindre, de même qu'elles sont
trop bavardes, elles sont trop nombreuses. Demander trois cents sénateurs et cinq cent quatre-
vingts députés aptes à remplir leur fonction, c'est
chasser l'oiseau introuvable. Fussent-ils trouvés,
que le vice subsisterait encore ; ils seraient beaucoup trop nombreux :

Chaque clause de la loi veut être faite avec la percep-
tion la plus exacte et la plus prévoyante de son effet sur
toutes les autres clauses, et la loi, une fois complète, doit
pouvoir se fondre et s'encadrer dans l'ensemble des lois
préexistantes. Il est impossible que ces conditions soient
remplies à un degré quelconque, quand les lois sont vo-
tées clause par clause dans une assemblée composée
d'éléments divers. L'incongruité d'une telle façon de
légiférer frapperait tous les esprits, si nos lois n'étaient
déjà, quant à la forme et à l'interprétation, un tel chaos

que rien ne semble pouvoir en surmonter la confusion et la contradiction (1).

C'est toujours en France comme en Angleterre ; les lois françaises ne le cèdent aux lois anglaises ni en confusion, ni en contradiction. Les propositions établies par des auteurs mal préparés arrivent incohérentes à la commission, qui les amende, puis viennent devant une Chambre trop nombreuse, qui les amende de nouveau, en attendant qu'une commission sénatoriale et le Sénat entier les amendent à leur tour.

D'amendement en amendement, elles se détériorent au point de ne plus pouvoir tenir debout. Incohérentes, comme le remarque John Stuart Mill, avec la législation préexistante, elles le sont parfois avec elles-mêmes, et la fin en détruit le commencement. On en a vu contenir des articles qui les rendaient inapplicables, articles introduits ou laissés par mégarde dans ces remaniements successifs, ou que des adversaires y avaient insidieusement glissés. Toute une broussaille s'est formée et nouée autour de nos codes ; il a poussé dessus une végétation parasite qui les couvre, les

(1) John Stuart Mill, *le Gouvernement représentatif*, trad. Dupont-White, p. 127.

étouffe, et à travers laquelle nul ne peut pénétrer.
Nous ne voulons pas dire que les codes fussent im-
muables et qu'on n'eût jamais dû rien en retrancher,
y ajouter ou y retoucher. Mais comment se reconnaître dans ce fouillis de lois non codifiées, jetées
pêle-mêle, en plein chaos ; et le jour où, faisant l'œuvre la plus utile que la législation ait à
faire, on entreprendrait de les codifier, quels sa-
crifices ne faudrait-il pas consentir, combien de
textes ne devrait-on pas abandonner ? C'est à ce
désordre, pour ne pas dire plus, qu'ont abouti tant
de projets, de contre-projets, d'amendements et de
transactions.

Les projets de loi, en effet, servent, à l'occasion
de terrain aux transactions de groupes ; passons
à l'extrême gauche ceci, elle nous passera cela.
Évidemment il y a lieu et il est sage de se faire
des concessions réciproques, surtout lorsqu'elles
peuvent avoir pour effet d'éviter de tomber dans
une injustice, dans une « législation de classe ».
Mais, comme il y a trop de députés, trop d'intérêts
et d'opinions, il y a trop de groupes. Sur ce point
on constate plutôt une légère tendance à l'amélioration ; on a senti les inconvénients de groupements
trop nombreux, tout artificiels, qui ne signifiaient

rien et que rien n'expliquait. Les partis ont leur raison d'être et presque leur nécessité ; ils sont les éléments vivants de la politique. Mais les coteries intermédiaires, les nuances à peine perceptibles ? Gauche républicaine, union républicaine, union démocratique, qu'est-ce que cette puérile marquetterie parlementaire ? Les espèces, soit, mais les variétés ?

Encore nous en tenons-nous aux groupements politiques, mais il y a par surcroît les groupements économiques. Il y a le groupe » de la protection du travail national » et le groupe pour « la défense de la liberté commerciale ». Il y a le groupe industriel, le groupe agricole, le groupe viticole (1). Ceux qui les ont fondés, ces groupes, ont cru qu'ils étaient « très malins », et s'ils n'ont désiré que la popularité d'arrondissement, mère de la réélection, « très malins », certes, ils l'ont été. A prendre les choses de plus haut, ils ont prouvé d'éclatante manière qu'ils n'ont aucune notion, aucun sens de leur rôle de législateurs, puisqu'il en devrait être de la loi comme de la science, qu'il ne devrait y avoir de loi que du gé-

____

(1) Il y a même, depuis quelques jours, à la Chambre, le groupe *des ports de mer*.

néral, et que ce qu'ils poursuivent, industriels, agriculteurs et viticulteurs des deux Chambres, ce sont des lois particulières, une législation, non pas de classe, mais de profession, ce qui revient au même, — des lois d'exception et de privilège.

Qu'on nous entende bien : il est parfaitement légitime de défendre les intérêts de l'industrie, du commerce, de l'agriculture, de la viticulture : seulement, quel besoin de fonder des groupes spéciaux, comme si tous ceux qui ne font pas partie de ces groupes étaient prêts à sacrifier les intérêts pour la sauvegarde desquels on se constitue un monopole? Après ce que nous avons écrit sur la représentation des intérêts, nous espérons n'être pas suspect de ne pas vouloir leur donner, dans l'existence nationale, la place qui leur appartient et même plus de place qu'on ne leur en accorde aujourd'hui. Mais c'est à la condition que cette place soit leur place. Les groupes industriel, agricole, viticole ne sont pas à leur place dans les Chambres en tant que groupes. On trouverait ridicule un groupe de la confiserie ou de la quincaillerie ; en quoi les autres le sont-ils moins? Ce ne sont pas de bons outils pour faire de bonne besogne législative.

Il y aurait, si l'on voulait entrer dans le détail, à relever bien d'autres abus, bien d'autres pratiques blâmables dont quelques-unes frisent l'absurde. On n'hésite pas à ranger sous cette peu flatteuse étiquette la procédure suivie par le vote des projets de loi dits d'intérêt local. Le président les enlève, c'est le cas de le dire, sans que personne sache de quoi il s'agit, dans le brouhaha des entrées en séance. « Ils sont donc fous? » me demanda un jour un brave homme que j'avais conduit à la Chambre et qui se sauva sans vouloir en entendre ou en voir davantage. Que nenni ; s ne sont pas fous, mais ils font quand même des folies, et qui nous coûtent assez cher. Dans une des dernières séances du Sénat, avant les vacances d'août, on en a voté pour plusieurs millions en cinq minutes, de ces projets d'intérêt local, toujours dans le bruit des conversations, sur l'interrogation monotone et presque mimée du président : « Pas d'opposition ? — Adopté. » Mais qui payera la note ? Le contribuable.

Une autre bien belle invention, c'est celle de la boîte à bulletins qui se prête, se confie, se remet de voisin à voisin. Dès que la glace est rompue, on se donne cette marque d'estime : comme les chevaliers, autrefois, en signe de fraternité d'armes, échangeaient une goutte de leur sang, les députés, en signe de fraternité de programmes, échangent leurs boîtes à bulletins : « Vous voterez pour moi, collègue, quand je serai en commission, et je voterai pour vous quand (dans l'été) vous serez à la buvette. Je marcherai pour vous, vous y verrez pour moi. » Traité conclu. Rien n'empêche que ce soit une quadruple, une quintuple, une sextuple, une décuple alliance. Alors? alors, un soir de chaude bataille, les secrétaires trouvent dans l'urne quatorze bulletins au même nom. Quatorze alliés ont voté pour l'allié absent. (Il n'y a pas trois ans que l'histoire est arrivée.)

Mais, d'autre part, survienne un désaccord, et le retrait de la boîte à bulletins est comme l'*ultimatum*, avant la déclaration de guerre. On se rappelle avec quelle solennité M. de la Rochefoucauld rendit, à la suite d'un discours qui ne lui plaisait pas, sa petite boîte à Mgr Freppel. Que d'anecdotes du même genre! C'est un sénateur qui, sur la même loi, aura voté à la fois pour et contre ; c'en est un deuxième qu'on a fait voter tout au rebours de son opinion. Je dis qu'une semblable manière de aire les lois n'est pas sérieuse. C'est de la législation d'opérette. Quelle valeur peut avoir un scrutin dans ces conditions? Chaque vote, — au moins les votes importants, ceux qui donnent lieu à ce que l'on nomme un scrutin public, — devrait être précédé d'un appel nominal et ne devraient y prendre part que les membres effectivement présents. Mais on se récrie; la machine parlementaire ne fonctionnerait plus assez vite! Elle fonctionnerait mieux et, d'ailleurs, elle fonctionnerait toujours assez. A tous égards, plus on perdrait de temps, plus on y gagnerait,

Reprenons et classons à nouveau les vices, les *sophismes* du régime parlementaire : sophismes de raisonnement et de conduite, *in intellectu et in re.*

1° *Dans la conception générale de ce régime,* c'est un sophisme de prétendre que le Parlement doit légiférer sans cesse et sur tout sujet ; qu'il peut, par une loi, guérir tout mal et produire tout bien ; qu'il n'excède pas ses pouvoirs en réduisant, comme il est enclin à le faire, les pouvoirs de l'exécutif.

2° *Dans le recrutement du personnel,* c'est un sophisme de prétendre que la seule chose à considérer pour faire choix d'un député soit qu'il se plie à représenter fidèlement tel ou tel intérêt privé ; que son degré de préparation aux fonctions législatives importe peu ; que, s'il a du bon sens, il en saura assez, et que le premier venu est bon à tout, s'il est du parti, du clan, de la coterie.

3° *Dans le fonctionnement du système*, c'est un sophisme de prétendre que la dignité du Parlement et la bonne gestion des affaires s'opposent également à ce que les Chambres aient de longues vacances ; que les propositions doivent faire l'objet de discussions abondantes, secrètes et publiques, parce que de la discussion jaillit la lumière ; que plus les Chambres sont nombreuses, plus elles travaillent, et mieux elles travaillent, parce qu'il s'y rencontre plus de capacités ; qu'il ne peut y avoir que profit à ce que les partis se fractionnent en groupes et les groupes en sous-groupes ; que les projets dits d'intérêt local ne méritent pas l'attention ; que le droit de vote dans les assemblées peut se déléguer et n'être pas rigoureusement personnel... etc., etc. Je clos à la hâte cette liste, sur laquelle on pourrait inscrire tant d'idées en cours et de pratiques en usage. Autant de sophismes, autant d'affections dont souffre le régime parlementaire. Il en souffre sans métaphore ; il est réellement et même gravement malade. Ne peut-on rien tenter pour le guérir ?

(e) AMÉLIORATIONS POSSIBLES AU RÉGIME PARLEMENTAIRE

Un organe n'est en parfaite santé et ne donne son effet juste, son effet total, que lorsqu'il remplit sa fonction propre, lorsqu'il ne remplit que celle-là. La fonction propre du Parlement, dans les institutions libérales, c'est le contrôle. Le droit primordial du Parlement, comme il est apparu de tout temps et ressort de sa formation historique, c'est de consentir l'impôt au nom de la nation et d'en surveiller l'emploi pour son bien. Hormis ce droit essentiel, le Parlement n'a pas de droit qui remonte à ses origines ; tous ses autres titres sont récents. Les États-Généraux ne faisaient pas les lois, ils se bornaient à exprimer des vœux, mais ces vœux, c'était le prince qui les convertissait en lois. Ils n'occupaient, dans la vie nationale, que la deuxième ou la troisième place, et encore par intermittences.

La Révolution fit passer le Parlement au premier rang, elle l'investit de la puissance législative, et puis elle y mêla le pouvoir exécutif, et puis la Convention finit par réunir tous les pouvoirs. C'était logique ; on proclamait que rien n'était au-dessus de la loi : personne ne pouvait être au-dessus de ceux qui faisaient la loi. Au bout de quelques années de ce régime, qui oscillait entre l'anarchie et l'arbitraire, il y eut quelqu'un qui se mit au-dessus de la loi, ce fut le Maître, au-dessus des représentants qu'il congédia brusquement, ce fut l'Empereur — et cela aussi devait arriver. Cela devait si bien arriver, qu'on le vit une seconde fois, après une seconde révolution, en 1851, et que le peuple, consulté, ratifia le 2 Décembre, ainsi que, consulté, il eût ratifié le Dix-huit Brumaire.

Qu'avait fait la Révolution ? Elle avait, en l'exagérant, faussé le principe du régime parlementaire. Elle eût pu, elle eût dû perfectionner notre régime parlementaire français, le régime des États généraux, l'adapter aux idées modernes, rendre les États, sinon permanents, du moins périodiques à de très courts intervalles, — annuels — leur assurer le vote des lois en vertu du même principe que pour l'impôt : la nation doit consentir les lois auxquelles tout citoyen obéira. Mais il fallait (et on l'entrevit, on n'eut que le tort de se laisser déborder), il fallait que ces lois vinssent à l'assemblée toutes préparées, tout étudiées, toutes coordonnées, qu'elle n'eût plus qu'à les revêtir du consentement national.

Ainsi, le Parlement eût gardé et développé, étendu jusqu'aux lois son droit primordial de contrôle; il n'eût pas entrepris au-delà; ainsi, l'organe eût rempli sa fonction propre, n'eût point essayé d'en remplir une autre; les Chambres n'eussent exercé qu'accessoirement les fonctions législatives ou mieux encore n'eussent fait que donner à la législation qui leur fût venue toute prête, sanction, vie et force exécutoire. En aucun cas, elles n'eussent été chargées de l'élaborer elle-même, tâche compliquée dont elles sont incapables. Et remarquez que les principes étaient saufs: le Parlement ne cessait pas de détenir en ses mains, par la faculté de donner ou de refuser la sanction nécessaire, ce que les orateurs d'alors appelaient pompeusement la plénitude de la souveraineté.

Mais à présent, depuis près d'un siècle, le pli est pris, un mauvais pli. On ne saurait penser, sans illusion, à tout défaire et tout recommencer. Est-ce à dire qu'il n'y ait qu'à se croiser les bras, qu'à s'abandonner au courant ? Ce n'est jamais nous qui nous y résignerons. Il y a dans nos institutions un organe, d'une aptitude à la législation et d'une capacité de travail admirables, qui se rouille et dépérit, faute de servir ou se fausse, lui aussi, parce qu'on le fait servir à n'importe quoi, sauf ce à quoi il devrait servir : c'est le conseil d'État. On l'a réduit, ou à peu près, à n'être plus qu'une sorte de cour de Cassation pour litiges administratifs, qui porte des sentences d'abus contre les évêques récalcitrants et valide ou annule en dernier ressort des élections municipales. Il est grand temps de le réhabiliter : il faut lui rendre ses fonctions d'État, le rendre à ses fonctions d'État ; en termes exacts, il faut lui rendre ses attributions de législateur, ou tout au moins de préparateur et de rédacteur des lois (1).

Quand ce sera lui qui aura préparé et rédigé les

---

(1) Un des derniers gardes des sceaux, M. Ricard, a déposé, là-dessus, un projet qui, sans être aussi radical que nous le voudrions, n'en est pas moins digne de toute notre approbation. Notre radicalisme à nous, ne va d'ailleurs que jusqu'à demander de rendre obligatoire le renvoi au Conseil d'État des projets de loi les plus importants — et d'un plus grand nombre de projets de loi — dont l'art. 8 (titre II) de la loi du 24 mai 1872 a prévu le renvoi facultatif.

lois, il nous plaît d'espérer qu'elles cesseront d'être incohérentes et que toutes les bonnes volontés, dont nos deux Chambres sont parées, ne se déploieront plus dans le vide, ni à contre-sens du bon sens. Elles auront enfin la direction qui leur manquait et peu à peu, à cette école, se fera leur éducation. Si même l'éducation des députés ne se faisait pas, les inconvénients en seraient bien amortis. D'abord la procédure serait beaucoup plus longue et ils légiféreraient moins. Les projets de loi, étant mieux préparés, donneraient lieu à moins de joûtes oratoires et à de moins bruyantes. OEuvre réfléchie de jurisconsultes et de jurisconsultes impartiaux, ils laisseraient moins de jeu à l'intérêt, à l'esprit de parti. La préparation des lois étant meilleure, la mauvaise préparation des députés deviendrait elle-même moins funeste.

Ces députés, il faudrait certainement en abaisser le nombre. Les Chambres actuelles sont trop nombreuses. Elles ont eu, de tout temps, en France, une tendance à l'être trop. En 1791, l'Assemblée contenait 745 membres ; sous Louis-Philippe, il y eut 459 députés ; l'Assemblée nationale de 1848 devait avoir près de 900 membres ; il n'y en eut plus que 283 au Corps législatif, sous le second Empire ; il y en a aujourd'hui près de 580 et l'on augmenterait plutôt qu'on ne diminuerait. Encore une fois, c'est beaucoup trop. En Angleterre, la Chambre des Communes est, elle aussi, bien trop nombreuse. Mais aux Etats-Unis d'Amérique, pour une population de 40 millions d'habitants, on compte seulement 75 sénateurs et 325 représentants. C'est assez. « En tout pays, disait Emile de Laveleye, il est 'ià très difficile de trouver 300 députés prépar à exercer une si haute fonction. » Quant aux Chambres de 500, 600 et 700 membres, si l'on tient à avoir des législateurs qui sachent le rudiment de leur métier, ce sont des Chambres introuvables et, si l'on se contente des premiers venus sans garantie de savoir ou d'expérience, des Chambres impossibles.

Ce n'est pas là un mal « fin de siècle », un vice nouveau. Il y a cent quarante-deux ans, en 1751, lord Chesterfield écrivait à son fils : « Toute assemblée nombreuse est *foule*, quelles que soient les individualités qui la composent et il ne faut jamais tenir à la foule le langage de la raison pure. C'est seulement à ses passions et à ses sentiments, à ses intérêts apparents qu'il faut s'adresser. Une collectivité d'individus n'a plus la faculté de compréhension (1).

Plus l'Assemblée sera nombreuse, plus elle sera *foule*, plus elle sera de médiocre culture plus elle sera sujette aux entraînements. Il faudrait donc, on le répète, supprimer deux ou trois cents sièges de députés et deux cents sièges de sénateurs. Il faudrait, en même temps, pour ce qui regarde spécialement le Sénat, revenir à l'ancien mode d'élection, au mode de recrutement usité avant la révision de 1884, dont le résultat a été déplorable. Il faudrait rapporter ou fortement modifier la loi sur les incompatibilités qui exile du Parlement une bonne partie des hommes qui y seraient le mieux à leur place. Il faudrait prolonger de deux ans le mandat — toutes réserves faites sur le mot mandat — et ramener aux cinq mois prévus par la Constitution les sessions annuelles de la Chambre des députés.

Il y aurait des réformes à faire dans les lois : il est probable qu'on ne les fera pas. Il y en aurait d'autres à faire dans les mœurs : elles se feront

(1) Comparez ce passage d'une lettre de Jefferson à Maddison : « Le pouvoir exécutif, dans notre gouvernement, n'est pas le seul, ni même le principal objet de ma sollicitude. La tyrannie des législateurs est actuellement et sera pendant bien des années encore le danger le plus redoutable ».

encore moins. Il faudrait que chaque citoyen fût convaincu de cette vérité qu'un homme supérieur « rend plus de services aux idées nouvelles (et aux idées justes) que cinquante énergumènes (1) ». Il faudrait que le peuple se dît : « Je veux être gouverné par les meilleures lois possibles ; comme je suis incapable de les découvrir, je nommerai à cet effet des gens spéciaux, de même que, pour avoir des chemins de fer, je m'adresse à des ingénieurs (2). »

Mais cette vérité laissera durant longtemps les citoyens indifférents, et cette réflexion salutaire, de longtemps le peuple ne la fera. Il continuera à élire ses représentants par des motifs tirés de l'intérêt privé, de la préférence personnelle, de l'envie, par sympathie ou antipathie, instinctivement, comme il fait toutes choses, comme il peut faire toutes choses, lui qui n'est qu'un grand impulsif : quitte à se consoler en criant, sur la foi du premier venu, à « la grande trahison du comte de Mirabeau » !

Et c'est pourquoi l'on ne saurait se défendre de quelque pessimisme. Les vices du régime parle-

(1) Émile de Laveleye, *le Gouvernement dans la démocratie,* t. II.

(2) *Id., ibid.*

mentaire sont beaucoup plus en nous qu'en lui-même : eux aussi, les remèdes sont en nous, mais aurons-nous le courage de les en faire sortir ?

Quand on a lu le célèbre traité de William-Gérard Hamilton, *la Logique parlementaire*, la première pensée qui vienne à l'esprit est que ce régime, tout oratoire, pour lequel on peut doctrinalement composer un art de tromper, est un régime faux ; immoral, parce que, d'un côté, il suppose des fourbes ; peu relevé, parce que, de l'autre côté, il suppose des sots et des ignorants. Mais une deuxième pensée chasse celle-là : c'est qu'il n'est pas plus malaisé de tromper un prince qu'un peuple, et que la courtisanerie, autant que l'éloquence, est un art qui possède ses règles, sa rhétorique, sa logique, — sa sophistique. Par conséquent, le régime parlementaire ne vaut en soi ni plus ni moins que tout autre régime. Il sera ce que nous voudrons qu'il soit ; il sera si nous voulons qu'il soit.

Seulement, voudrons-nous ? L'avenir du régime parlementaire pend à ce point d'interrogation, où peuvent aussi, il est temps d'y prendre garde, pendre César et sa fortune.

CONCLUSION

Il nous répugnerait de clore sous la pression des circonstances ce travail qui a été entrepris et conduit en dehors de toute pression, sans le moindre souci des circonstances. Mais, véritablement, est-ce que, depuis quelques mois, les faits ne se chargent pas de conclure avec nous et pour nous?

Ce que nous aurions eu à dire, est-ce qu'ils ne le crient pas, de leur formidable voix? Le mot qui, si tristement, à cette heure, tient haletantes la France et l'Europe, pour rien au monde, on ne voudrait l'écrire ici. Mais ne venons-nous pas d'entendre deux anciens ministres, deux anciens présidents du Conseil des ministres, un président alors en exercice de la Chambre des députés, étaler à la tribune la plus singulière théorie de gouvernement qu'on ait jamais essayé de soutenir? Une théorie, d'après laquelle le gouvernement aurait le droit de puiser, pour le succès de ses plans électoraux, dans la bourse des financiers qui sont en relations forcées avec lui, quitte à leur restituer plus tard la somme prêtée, et non pas même à la leur restituer directement, sur les fonds publics, mais à la leur faire rendre par un autre financier sur une autre affaire, à même l'argent des souscripteurs, c'est-à-dire avec de l'argent détourné. Ou bien le gouvernement aurait le droit et le devoir de s'immiscer dans les émissions financières faites par des sociétés privées et de peser de tout son poids, afin que ce soient les journaux qui le soutiennent à qui tombe des coffres la manne providentielle, et non les journaux qui le combattent. Entre les deux écoles, il n'y a que des différences d'expression ; au fond, c'est une seule et même théorie : la théorie de la morale politique facile.

C'est à ce point que l'on en peut arriver — nous y sommes — quand, pendant dix ou quinze ans, on a laissé le sophisme régner en maître, faussant et déformant tout le régime ; quand les notions les plus simples se sont, nous le répétons, obscurcies, « lorsque la langue politique a été étirée et forcée ; que le vocabulaire est devenu trop mou, trop flou, trop lâche ; que la logique a été remplacée par le raisonnement verbal; que les uns et les autres, Pierre et Paul, ont rappelé à l'envi les principes, sans savoir ni ce qui est un principe, ni ce que c'est qu'un principe; lorsque s'est établi et se perpétue, en toutes choses, un malentendu général ».

S'il n'y avait que l'improbité, que la malhonnêteté d'argent! On publierait tous les petits papiers que l'on voudrait; on ne ferait pas que chez nous, Dieu merci! cette sorte d'improbité ne fût très rare. Mais il y en a d'autres sortes, qui, au point de vue politique, sont peut-être plus funestes encore que la vénalité. En politique, la malhonnêteté d'esprit est tout aussi funeste que l'absence de scrupules. S'il n'y avait que les corrompus que chacun sait! Mais la corruption intellectuelle est partout, dans tous les discours et dans tous les actes de notre vie publique. Tous nos raisonnements politiques sont frelatés. S'il n'y avait que l'anarchie de la rue, mais l'anarchie est dans toutes les cervelles!

A quel étrange spectacle assistons-nous? C'est une commission de la Chambre qui s'arroge des pouvoirs de justice; ce sont des ministres envoyés de leur cabinet dans le cabinet du juge d'instruction ; c'est un ministère qui perd en route ses membres un à un et se défait de lui-même, avant de se présenter devant le Parlement ; c'est un garde des sceaux, qui dépose sa charge, pour venir, *motu proprio*, sans convocation, faire à la barre de la Cour d'assises, une apologie de sa conduite, que personne n'a sérieusement incriminée ; c'est ce même garde des sceaux reprenant, deux jours après, le portefeuille qu'il avait jeté ; c'est un témoignage produit au Palais de Justice, rapporté tout chaud au Palais-Bourbon, et plus ou moins dénaturé ; ce sont des incidents de Cour d'assises qui provoquent, par contre-coup, des incidents parlementaires, des incidents parlementaires qui se répercutent en cour d'assises, à telles enseignes qu'on se demande si la justice siège à la Chambre et si la politique se discute en Cour d'assises ; c'est le président du Conseil, se plaignant, comme avocat, de l'un des anciens bâtonniers de l'ordre, et le bâtonnier en fonctions, infligeant un blâme sévère au président du Conseil, à raison de propos qu'il a tenus, comme avocat, à la tribune de la Chambre des députés.

Et ce n'est pas tout, on pourrait allonger encore cette liste de nos incohérences. A quoi bon ?

C'est le sophisme que nous poursuivons et non les conséquences du sophisme. Or, ce désordre, cette confusion, ce gâchis, ne sont que les conséquences du sophisme ou plutôt de nombreux sophismes qui ont tout embrouillé, tout emmêlé et qui devaient finir par tout perdre.

Ce n'est jamais en vain que les hommes mentent aux hommes et mentent aux institutions : depuis quinze ans, le régime entier ne reposait plus que sur des mensonges, innocents seulement parce qu'ils étaient, dans beaucoup de cas, inconscients — mais tout de même dangereux, l'évènement le prouve bien. Jusqu'où ces détestables habitudes et ces mœurs publiques détestables nous ont menés, par des sentiers pleins de fleurs de rhétorique — hélas ! nous ne le savons que trop.

On a fort savamment ergoté à la Chambre pour chercher où se fait la scission ou, comme on l'a dit, la « cassure »; si c'est entre l'extrême-gauche et le reste du parti républicain, si c'est entre le gros de ce parti et le centre-gauche. Où se fait la scission, où la « cassure » est faite, c'est entre la Chambre et le pays ; c'est entre la politique suivie depuis quinze ans et le pays, entre les procédés employés et le pays, entre certaines doctrines de gouvernement et le pays.; c'est entre ces mensonges, ces contre-vérités, ces demi-vérités, ces formules convenues, ces hypocrisies, cette mal-honnêteté d'esprit, entre tous ces sophismes et la France.

Ce que les faits nous crient de leur grande voix, la conclusion qu'ils nous fournissent, n'est-ce pas le mot de François II d'Autriche : « *Totus mundus stultizat.* Tout le monde devient fou. Tout le monde dit et fait des sottises » ? Prenons garde que sous peu, si nous ne nous corrigeons pas, il ne faille ajouter avec l'empereur : « Et tout le monde veut avoir de nouvelles constitutions. *Et vult habere novas constitutiones.* » Que seraient ces constitutions, nul n'oserait le dire, mais il n'y a qu'un seul moyen d'éviter un bouleversement. C'est d'adopter au plus tôt d'autres hommes, d'autres idées et d'autres mœurs.

FIN

TABLE DES MATIÈRES

POITIERS
IMPRIMERIE BLAIS, ROY ET Cie
7, rue Victor-Hugo.